MANA

Titel von Almut Irmscher in der Reise-Lesebuch-Reihe (ISBN: 978-3-95503-...)

Das **Island**-Lesebuch	(127-5)
Das **Norwegen**-Lesebuch	(130-5)
Das **Dänemark**-Lesebuch	(133-6)
Das **Irland**-Lesebuch	(136-7)
Das **Schottland**-Lesebuch	(139-8)
Das **England**-Lesebuch	(142-8)
Das **Portugal**-Lesebuch	(146-6)
Das **Italien**-Lesebuch	(149-7)
Das **Griechenland**-Lesebuch	(152-7)
Das **Schweden**-Lesebuch	(177-0)
Das **Kroatien**-Lesebuch	(180-0)
Das **Toskana**-Lesebuch	(183-1)
Das **Namibia**-Lesebuch	(200-5)
Das **Nordsee**-Lesebuch	(215-9)
Das **Ostsee**-Lesebuch	(212-8)
Das **Spanien**-Lesebuch	(209-8)
Das **Sardinien**-Lesebuch	(231-9)
Das **Bayern**-Lesebuch	(258-6)
Das **Österreich**-Lesebuch	(260-9)
Das **Provence**-Lesebuch	(269-2)
Das **Corwall**-Lesebuch	(271-5)
Das **Neuseeland**-Lesebuch	(284-5)

Titel von Gunhild Hexamer in der Reise-Lesebuch-Reihe:

Das **Kanada**-Lesebuch – Der Osten	(186-2)
Das **Kanada**-Lesebuch – Der Westen	(189-3)
Das **Kalifornien**-Lesebuch	(203-6)
Das **USA**-Lesebuch	(218-0)
Das **Florida**-Lesebuch	(254-8)

Titel von Almut Irmscher in der City-Lesebuch-Reihe:

Das **Wien**-Lesebuch	(234-0)
Das **Rom**-Lesebuch	(237-1)
Das **Hamburg**-Lesebuch	(240-1)
Das **Venedig**-Lesebuch	(243-2)
Das **Amsterdam**-Lesebuch	(252-4)

Diese Publikation ist im Katalog der Deutschen Nationalbibliothek verzeichnet; detaillierte bibliografische Daten unter http://dnb.dnb.de.

Titelfoto (Geirangerfjord) und Bilder im Innenteil: Almut Irmscher
Umschlagentwurf, Satz und Layout: MANA-Verlag
Druck: Dardedze, Riga, EU
ISBN: 978-3-95503-130-5

Angaben zur Produktsicherheit nach GPSR

Produkt:	Reise-Lesebuch Norwegen
ISBN:	978-3-95503-130-5
Hersteller:	MANA-Verlag
Adresse:	Französische Str. 12, 10117 Berlin
Kontakt:	hj@mana-verlag.de

MANA-Verlag.de
Reise-Lesebücher

Almut Irmscher

Das Norwegen-Lesebuch

Impressionen und Rezepte aus dem Land der Fjorde

Einführung

Jählings stürzt eine Klippe hinab in bodenlose Tiefe, wo ganz unten am fernen Abgrund das Meer im gleißenden Licht der Sonne des Nordens funkelt. Dunkle und unergründliche Wälder bedecken die Hänge, die sich in immerwährenden Ketten aneinanderreihen, bis zum Horizont und darüber hinaus in die Weite einer ewig gleichen Unendlichkeit. Schneebedeckte Gipfel weisen steil empor, dorthin, wo die Götter wohnen. Zwischen ihren bizarren Felsen aber hausen schreckliche Riesen und boshafte Trolle. Hier liegt ein Reich, das keines Menschen Fuß betreten soll: Utgard, das unberührbare Land geheimnisvoller Mythenwesen.

Doch duckt sich nicht ganz unten am Ufer ein kleines rotes Holzhaus mit grasbewachsenem Dach vor den machtvoll gen Himmel stürmenden Felshang? Wie die Heimstatt flohgroßer Wichte wirkt es gegen die gewaltigen Dimensionen der umliegenden Natur. Ein Fischerboot dümpelt davor auf den plätschernden Wellen, an einem Holzgestell trocknen Fische in der rauen Luft. Eine eisige Windböe rüttelt daran, als wollte sie fragen: „Was tut ihr Menschen hier? Dies Land ist nicht für euresgleichen, trollt euch dorthin, wo es euch besser taugt!"

Nur in wenigen Gegenden Europas prallen die Gegensätze zwischen wilder, unbezwingbarer Natur und menschlicher Zivilisation so dramatisch aufeinander wie in Norwegen. Obwohl annähernd von der gleichen Flächenausdehnung wie Deutschland, leben hier nur gut fünf Millionen Einwohner. Statistisch gesehen sind das 13 pro Quadratkilometer, im Gegensatz zu den 230, die sich auf der gleichen Fläche in Deutschland zusammendrängen.

Die Weite und Einsamkeit, die sich hinter den Zahlen verbirgt, veranschaulicht eine Fahrt entlang der endlosen Fjordküsten Norwegens recht drastisch. An die wenigen menschlichen Siedlungen im Uferbereich schließen sich sturmumtoste Gebirgsketten von unvorstellbaren Ausmaßen an. Sie führen dem Betrachter sehr eindringlich vor Augen, warum die nordische Mythologie außer der Midgard genannten Menschenwelt noch zwei weitere Welten kennt: Utgard, wo Riesen und Trolle wohnen, und Asgard, das Reich der Götter.

Aber nicht nur die dünne Besiedlung unterscheidet Norwegen von Deutschland. Mit gutem Willen gemessen dehnt sich Deutschland von seinem nördlichsten Punkt auf Sylt bis zu seinem südlichsten Flecken am Königssee im Berchtesgadener Land gerade mal 900 Kilometer in geografischer Länge aus. Norwegen hingegen streckt sich vom südlichsten Punkt in Kristiansand bis zum nördlichsten am Nordkap über rund 1.600 Kilometer geografischer Länge. Betrachtet man die tatsächliche Landeslänge unabhängig von den geografischen Koordinaten, so summieren sich sogar 2.650 Kilometer, und das bei einer Landesbreite, die mitunter nur rund 50 Kilometer beträgt.

Diese Zahlen täuschen jedoch über die wirklichen Gegebenheiten noch immer hinweg. Denn Norwegens Küste ist durch zahllose Fjorde zerklüftet, und weil sie sich von der schwedischen Grenze im Südosten bis zur russischen im Nordosten um das ganze Land herumzieht, ergibt sich eine Küstenlinie von sagenhaften 25.000 Kilometern. Rechnet man die vielen Inseln hinzu, dann sind es sogar unvorstellbare 80.000 Kilometer.

Kein Wunder also, dass die Norweger ein Volk von Seefahrern sind. Und angesichts der herben Unzugänglichkeit und der bescheidenen Fruchtbarkeit ihres Landes erstaunt es auch nicht, dass sich eroberungshungrige Freibeuter von Norwegens Gestaden aus auf den Weg machten. Rücksichtslos überfielen diese Nordmänner die Küsten jener Länder, von denen sie sich reichere Ausbeute versprachen. An Bord ihrer windschnellen Schiffe gelangten sie bis nach Nordamerika, übers Mittelmeer drangen sie in den Orient vor und über Flussläufe bis tief ins europäische Festland hinein. Allerorts fürchtete man die wilden Wikinger, doch wo es sich ergab, trieb man auch gerne Handel mit ihnen. Ihre bärbeißige und raubeinige Kultur hat Norwegen geprägt und schlummert noch heute tief verborgen in der Seele des Landes, wenngleich sie längst gezähmt und überaus zivilisiert daherkommt.

Denn Norwegen gehört zu den Musterschülern unter den Staaten der Welt. Nach der Loslösung von der jahrhundertelang bestehenden Personalunion mit Dänemark und in der Folgezeit mit Schweden entschieden sich die Norweger im Jahr 1905 in einer Volksabstimmung für einen eigenen König. Es herrscht eine konstitutionelle Monarchie, das demokratisch gewählte Parlament ist Entscheidungsträger des Landes und gilt als ausgesprochen pragmatisch und konsensfähig. Dass im internationalen Vergleich überdurchschnittlich viele Frauen an der Regierung beteiligt sind, liegt auch daran, dass Norwegen neben Finnland bei der Emanzipation eine Vorreiterrolle eingenommen hat. Schon 1884 trat hier die Frauenrechtsvereinigung aufs politische Parkett, zu einer Zeit, als anderenorts noch gar nicht daran zu denken war.

Norwegen ist nicht Mitglied der Europäischen Union, aber Mitglied im Europäischen Wirtschaftsraum und Unterzeichner des Schengener Abkommens. De facto ist das Land deshalb in vielerlei Hinsicht den Mitgliedern der Union gleichgestellt. Das gilt auf der rechtlichen Ebene, denn auf der wirtschaftlichen und sozialpolitischen Seite stellt Norwegen die anderen weit in den Schatten: Beim von den Vereinten Nationen erstellten Wohlstandsindikator der Staaten unserer Welt, dem sogenannten „Index der menschlichen Entwicklung", stand Norwegen ab 1997 an erster Stelle. Nur Island gelang es 2007 und 2008, Norwegen vorübergehend auf den zweiten Platz zu verweisen, seit 2021 führt die Schweiz. Im „World Happiness Report" der Vereinten Nationen belegten die Norweger lange einen der ersten drei Plätze unter den glücklichsten Völkern der Erde, heute sind sie immerhin noch unter den ersten zehn.

Die durchschnittliche Lebenserwartung in Norwegen liegt bei knapp 83 Jahren. Das Land hat einen der welthöchsten Lebensstandards, eines der höchsten Pro-Kopf-Einkommen, ein großzügiges Wohlfahrtsstaatsmodell und ein innovationsfreudiges Bildungssystem, bei dem die staatlichen Ausgaben im internationalen Vergleich einen Spitzenplatz einnehmen. Auch Kunst und Kultur werden sehr engagiert gefördert, damit selbst die extrem dünn besiedelten Landesteile mit einem kulturellen Grundangebot versorgt sind. Die Hauptstadt Oslo gilt als eine der trendigsten Metropolen der Welt. Und die von „Reporter ohne Grenzen" veröffentlichte Welt-Rangliste der Pressefreiheit führt Norwegen 2024 vor 180 weiteren Ländern an, in den Jahren vor 2017 belegte es nie einen schlechteren als den dritten Rang.

Auf die Unterstützung wissenschaftlicher Forschung legt die norwegische Regierung erheblichen Wert. Die Arbeitslosenquote überschreitet nur selten die Drei-Prozent-Marke. Der norwegische Pensionsfond zählt zu den größten Vermögensverwaltern der Welt, hier ist die Rente wirklich sicher. Straßen, Brücken und Tunnel verbinden auch noch die abgelegensten Landesteile und viele Inseln miteinander. Obwohl die klimatischen Bedingungen extrem sein können, ist diese Infrastruktur durchweg in hervorragendem Zustand. Und trotz aller großzügigen Investitionen weist der norwegische Staatshaushalt einen freundlichen Überschuss auf. Wie ist das möglich?

Vor noch nicht allzu langer Zeit galt Norwegen als die Bettelstube unter den europäischen Ländern. Mit Fischfang, Holzfällerei und Seefahrt ließ sich nicht allzu viel verdienen. Doch in den Siebzigerjahren des letzten Jahrhunderts änderte sich die Situation schlagartig: Vor Norwegens Küste wurden üppige Mineralöl- und Erdgasvorkommen entdeckt. Seit damals brummt Norwegens Wirtschaft. Das Land stieg zu einem der weltweit bedeutendsten Öl- und Gasexporteure auf, infolgedessen entstanden massenweise Arbeitsplätze. Doch auch andere Wirtschaftszweige profitierten vom landesweiten Boom, sodass Norwegen heute auch bei sinkenden Ölpreisen auf der Basis eines stabilen Wohlstands floriert.

Nicht zuletzt haben die Norweger trotz ihres Reichtums an fossilen Brennstoffen schon früh auf regenerative Energiequellen gesetzt und decken heute fast den gesamten Strombedarf des Landes aus Wasserkraft. Wasser gibt es im Überfluss, der Strom ist entsprechend billig. Deshalb werden norwegische Häuser ganz selbstverständlich elektrisch beheizt, und niemand legt Wert darauf, das Licht auszuschalten. Norwegens Stromverbrauch ist einer der höchsten weltweit, aber was soll's? Schließlich ist Norwegen auch Vorreiter bei der Neuzulassung von Elektroautos, seit 2025 dürfen Autos mit Verbrennungsmotor sogar überhaupt nicht mehr neu zugelassen werden.

Das Bild des Musterlandes wird eigentlich nur vom kommerziellen Walfang getrübt. Obwohl diese Praxis allgemein geächtet ist, lassen sich die Norweger nicht davon abbringen.

Sie fangen sogar mehr Wale als Japaner und Isländer zusammen. Norwegen argumentiert mit der Nachhaltigkeit seines Walfangprogramms, das ausschließlich auf die reichlich vorhandenen Zwergwale ausgerichtet ist, und außerdem damit, dass die Jagd auf Wale für das Land eine lange Tradition hat. Tatsächlich war es in erster Linie Norwegen, das im 19. Jahrhundert Europas rasant steigenden Bedarf an dem aus Walfett gewonnenen Tran deckte. Bis heute ist das Fleisch der Meeressäuger von norwegischen Speisekarten nicht wegzudenken, die Bevölkerung steht deshalb mehrheitlich hinter der Walfängerei.

Vielleicht wird das verständlich, wenn man einen Blick auf die althergebrachten Zutaten der norwegischen Küche wirft. Das skandinavische Klima mit seinen kurzen, feuchten und kühlen Sommern sowie seinen ausgeprägten, kalten Wintern lässt keinen Raum für den breitgefächerten Anbau von Getreide, Obst und Gemüse. Neben Hafer, Gerste, etwas Wurzelgemüse und Kartoffeln stehen im Wesentlichen nur Milchprodukte zur Verfügung, dazu ein wenig Fleisch und insbesondere das, was das Meer hergibt. Fisch ist deshalb die Grundlage der norwegischen Küche, Walfleisch eine willkommene Abwechslung.

Die klimatischen Besonderheiten und die Extreme der Geografie ihres Landes haben die Norweger geprägt, und beides beeinflusst auch maßgeblich ihre Musik und ihre Literatur. Das erklärt die mystischen Züge in den Werken von Schriftstellern wie Henrik Ibsen oder die düsteren Abgründe in den Geschichten moderner Krimiautoren wie Jo Nesbø. Es erklärt die Finsternis in der Musik der norwegischen Black-Metal-Bands und andererseits die sehr melancholischen Balladen der Boygroup a-ha, die in den Achtzigerjahren als Lichtgestalt aus der norwegischen Pop-Szene hervorstrahlte.

Und wer die weiten Fjorde im Norden des Landes durchreist, dem klingt ganz wie von selbst eine Melodie in den Ohren. Ihre hochromantische Melodramatik beschreibt Norwegen intensiver, als jeder Text dies könnte: Edvard Griegs berühmte Peer-Gynt Suite. Wenn Solveig ihr Lied in der Halle des Bergkönigs anstimmt, dann ist das mythenumwobene Utgard der Riesen und Trolle mit einem Mal ganz nah.

Velkommen til Norge – willkommen in Norwegen!

Mit dem Postschiff bis ans Ende der Welt – Hurtigruten

Wir haben bereits festgestellt, dass Norwegen ein ausgesprochen langes Land ist. Das zieht mehrere Konsequenzen nach sich. Zum einen bedingt es wirklich weite Wege, zum anderen bedeutet es auch, dass Norwegen sich über verschiedene Klimazonen erstreckt. Der Golfstrom sorgt zwar dafür, dass es an Norwegens Küsten durchweg relativ mild ist. Doch im Landesinneren schwindet die wärmende Wirkung des Golfstroms, sodass hier kontinentales Klima für wärmere Sommer und wirklich eisige Winter sorgt. Die Hochebenen sind deshalb entsprechend dünn besiedelt, nur in den Tälern findet man mehr Bewohner. Insgesamt bietet der Süden des Landes in den Küstenregionen das freundlichste Wetter, weshalb hier auch die meisten Leute wohnen.

Doch auch an den Küsten hoch im Norden leben Menschen. Hier, bei den Inseln von Lofoten, Vesterålen und in der Barentssee, gibt es nämlich ausgesprochen reiche Fischgründe. Bis zur Entdeckung der fossilen Rohstoffe lebten die Bewohner dieser Regionen fast ausschließlich vom Fischfang. Besonders in den Wintermonaten hat die Fischerei Hochkonjunktur, denn dann kommen die Dorsche aus dem äußersten Norden, um in den südlicher gelegenen Meeresregionen zu laichen (man nennt sie dann Kabeljau). Schon seit dem 12. Jahrhundert blühte der Handel mit diesen Fischen, die über den

Winter hinweg vor Ort zu Stockfisch getrocknet wurden. Und weil es damit recht ordentlich zu verdienen gab, kamen auch viele Fischer aus anderen Landesteilen als Gastarbeiter im Winter an die nördlichen Küsten.

Doch diese Gebiete sind schwer zu erreichen. Gut befahrbare Straßen gab es bis weit ins letzte Jahrhundert hinein kaum, und selbst wenn, so waren sie im Winter meist unpassierbar. Inseln und von Gebirgen abgeschottete Küstenteile konnte man über Land gar nicht erreichen. So gab es nur die Möglichkeit, auf Schiffen zu reisen, doch auch das gestaltete sich im Winter nicht einfach. Zwar verkehrten ab und zu Segelschiffe, nahmen den Fischfang und mitunter auch Passagiere an Bord. Doch bei stürmischem Wetter und in der langen Polarnacht traute sich niemand mehr hinaus. An eine regelmäßige Schiffsverbindung war nicht zu denken. So kam es, dass Norwegens Norden in den langen Wintern von der Außenwelt abgeschnitten vor sich hinvegetierte.

Eine wirklich ungünstige Situation. Nicht nur, dass die Menschen keinerlei Möglichkeit hatten, sich mit Lebensmitteln und anderen Dingen des täglichen Bedarfs zu versorgen. Sie konnten auch den gefangenen Fisch nicht zum Verkauf abtransportieren. So blieb ihnen keine andere Möglichkeit, als ihre Beute zu trocknen, den eigenen Speiseplan auf Fische und die paar Reste, die vom kargen Sommer übriggeblieben waren, zu beschränken und ansonsten auf den Frühling zu warten. Doch dieser ziert sich in den Regionen nördlich des Polarkreises recht lange, bis er endlich sein blaues Band wieder durch die Lüfte flattern lässt.

Besser wurde es erst, als 1870 die Hamburgroute ihren Betrieb aufnahm. Ihre Dampfschiffe verkehrten auf einer dreiwöchigen Reise zwischen Hamburg und Finnmark, jenem Teil Norwegens, der im äußersten Nordosten des Landes liegt.

Heute leben hier durchschnittlich nur 1,5 Bewohner pro Quadratkilometer, und damals, vor der Entdeckung von Öl und Gas, mögen es noch deutlich weniger gewesen sein. Was also veranlasste die Hamburger zu der beschwerlichen Überfahrt in diese gottverlassene Gegend?

In Finnmark lebte seit jeher das Volk der Samen. Sie trieben regen Handel mit Pelzen, in den Küstenregionen beteiligten sie sich an den Geschäften der Hanse. Das mag die Hamburger auf die Idee gebracht haben, doch kamen sie auf ihrer Hamburgroute keinesfalls, um Felle zu kaufen. Vielmehr hatten sie es auf Vogelexkremente abgesehen, besser gesagt, auf Guano. Finnmark ist eines der bedeutendsten Vogelgebiete im Norden. Heute reisen Ornithologen und Vogelfreunde auf die Varanger-Halbinsel, um Merline, Seeadler, Gerfalken, Austernfischer, Singschwäne, Eiderenten und jede Menge Möwen zu beobachten.

Doch warum nahmen die Hamburger die Mühen auf sich, nur um Vogeldreck in die Heimat zu schaffen? Das 19. Jahrhundert brachte die Industrialisierung mit sich, und damit auch ein starkes Bevölkerungswachstum. Um all die hungrigen Mäuler zu stopfen, musste die Landwirtschaft sich ins Zeug legen. Irgendwann stellten findige Landwirte fest, dass sich mit Guano die Erträge deutlich steigern ließen. So legte er eine steile Karriere als Düngemittel hin, außerdem konnte man ihn auch noch als Zutat zur Sprengstoffherstellung gebrauchen. Guano stellte also ein äußerst wertvolles Gut dar.

Doch in den harten, stürmischen und vor allem stockfinsteren Wintern wurde selbst den orkanerprobten Hamburgern die Reise nach Finnmark zu beschwerlich. Man konnte sich einfach nicht auf sie verlassen. Die Regierung in Christiania (1924 umbenannt in Oslo) war sich des Problems vollkommen bewusst. Während der Süden einigermaßen prosperierte, dümpelte der isolierte Norden in Armseligkeit vor sich hin. Ein Staat, der auf sich hielt, konnte ein derart ungerechtes Süd-Nord-Gefälle aber schwerlich hinnehmen, noch dazu in einer Zeit, in der sich die Welt mit rasanter Geschwindigkeit weiterentwickelte.

So keimte gegen Ende des 19. Jahrhunderts schließlich der Gedanke auf, eine staatlich geförderte Schifffahrtslinie ins Leben zu rufen, die die nördlichsten Orte des Landes regelmäßig mit den Küstenstädten im Süden verbinden würde. Auf diese Art sollten die Menschen im Norden – ganz im Sinne einer fortschrittlichen Kommunikation – zuverlässig mit Postlieferungen versorgt werden. Es handelte sich keineswegs um ein einfaches Unterfangen, denn die Fahrt entlang der stürmischen und felsigen Küsten gestaltete sich besonders zur düsteren Winterzeit äußerst riskant. Nur ausgefuchste Profis konnten das mit der damals verfügbaren, noch recht einfachen Technik bewerkstelligen.

Trotzdem nahm 1893 die erste fahrplanmäßige Verbindung zwischen Trondheim und Hammerfest mit insgesamt neun Zwischenstopps ihre Fahrt auf. Der Kapitän, der sich dies zutraute, hatte die Strecke zuvor elf Jahre lang penibel in Augenschein genommen und genaueste Aufzeichnungen angefertigt. Deshalb wagte er es nun auch, bei völliger Dunkelheit zu fahren. Dass die Schiffe zu allen Jahreszeiten ununterbrochen unterwegs sein würden, gewährleistete eine rasche und zuverlässige Postzustellung. Und nur, wenn diese Bedingung erfüllt wurde, gewährte der Staat die entsprechenden Subventionen. Schnell – hurtig – sollte die Post auf der Route vorankommen, mit einem Wort: Hurtigruten!

Zum Artikel:
Hurtig – Die Post ist da!

Bereits 1908 kam das Postschiff zweimal in der Woche. Von Hammerfest gab es jetzt eine weitere Verbindung bis nach Kirkenes an der russischen Grenze, und weil es nun schon in Bergen losging, war die gesamte Westküste Norwegens mit Postlieferungen versorgt. Für die rund 2.500 Kilometer von Bergen bis Kirkenes benötigten die Schiffe nur sieben Tage und machten damit dem Namen „Hurtigruten" alle Ehre.

Doch natürlich transportierten die Schiffe nicht nur die Post, sondern auch allerhand Dinge des täglichen Bedarfs. Und mehr noch: Sie nahmen auch Passagiere an Bord.

Das Leben der Menschen im Norden änderte sich grundlegend, und es änderte sich für ganz Norwegen. Denn erstmals empfanden sich alle Norweger als Einheit miteinander verbunden. Auf einmal war es kein Problem mehr, fernab gelegene Landesteile zu besuchen und Kontakte mit den dort lebenden Landsleuten zu pflegen.

Weil die Fahrt – je nach Entfernung – eine Weile dauert, lief 1925 das erste Schiff mit komfortablen Kabinen vom Stapel. Immerhin boten diese fließendes Wasser und Frischluftversorgung. Schon zehn Jahre später reisten Jahr für Jahr knapp eine Viertelmillion Passagiere auf der Hurtigruten, die inzwischen 14 Schiffe befuhren. Für die meisten Fahrgäste gab es allerdings nur Mehrbettkabinen, genannt „Sleeperette", mit zehn einfachen Pritschen.

Während der Besetzung des Landes durch Nazideutschland im Zweiten Weltkrieg wurden die meisten Hurtigrutenschiffe beschlagnahmt oder zerstört. Doch auch in diesen harten Jahren setzten die Norweger alles daran, den Norden ihres Landes weiterhin zu versorgen, und schickten kurzerhand Fischkutter und kleinere Frachtkähne auf den Weg. Gleich nach dem Krieg rief man ein staatlich gefördertes Schiffsbauprogramm auf den Plan, und bald darauf liefen zehn nagelneue Hurtigrutenschiffe vom Stapel. Schon Anfang der Fünfzigerjahre nahmen diese und die drei älteren, die die Kriegszeit überstanden hatten, jährlich insgesamt eine halbe Million Gäste mit auf die Reise. Heute fahren acht Schiffe der der Reederei Hurtigruten AS und und vier der Reederei Havila Kystruten auf der Strecke.

Doch längst schon dient die Hurtigruten nicht mehr schwerpunktmäßig der Versorgung der nördlichen Siedlungen. Inzwischen gibt es fast bis in den letzten Winkel Norwegens gute Straßenanbindungen, und außerdem haben alle abgelegenen Städtchen einen eigenen Flugplatz. Diese Entwicklung führte zu einem drastischen Rückgang der Passagierzahlen und der Warentransporte.

So kam es, dass die Bilanz der Hurtigrutengesellschaft in den Achtzigerjahren des letzten Jahrhunderts so trübe ausfiel, dass ernsthaft über die Einstellung des Linienverkehrs nachgedacht wurde. Doch dann hatte jemand eine zündende Idee. Warum nicht auf Touristen setzen?

Dieser Plan wurde konsequent verfolgt. Die Schiffe wurden modernisiert oder neu gebaut, dabei lag nun der Schwerpunkt auf Komfort und Reisebequemlichkeit des neuen Zielpublikums. Die Kabinen erhielten eigene WCs und Duschen. Restaurant, Cafeteria, Bar, später auch Panoramadecks, Whirlpools und organisierte Landausflüge sorgten für weitere Attraktivität.

So kommt es, dass seit den Neunzigerjahren des letzten Jahrhunderts immer mehr Touristen aus aller Welt die Hurtigruten für sich entdecken. Die Fahrt durch die norwegischen Fjorde gilt als eine der schönsten Kreuzfahrten der Welt und ist entsprechend begehrt, auch wenn sie nicht gerade zu den Schnäppchenangeboten der Branche zählt. Rund 450.000 Fahrgäste begeben sich heutzutage alljährlich an Bord eines der Schiffe, die so schöne Namen wie „Polarlys" oder „Trollfjord" tragen.

Der Traum seines Lebens sei es, einmal auf einem Hurtigrutenschiff zu reisen, sagte mein Mann schon seit Jahren. Von Bergen nach Kirkenes und wieder zurück, zwölf Tage, 34 Häfen, mehr als 100 Fjorde und insgesamt 2.795 nautische Meilen, das sind beachtliche 5.176 Kilometer.

Worauf sollen wir noch warten? Machen wir uns also auf die Reise und erkunden wir Norwegen! Doch bevor es losgeht, tasten wir uns mit einem ersten Rezept vorsichtig an die norwegische Küche heran. Danach schließen wir noch einmal die Augen und lauschen der Musik von Edvard Grieg. Könnte es eine schönere Einstimmung geben?

Zum Artikel:
Eine der schönsten Seereisen der Welt!

Stekt torsk med rødbeter – gebratener Kabeljau mit roter Bete

Zutaten für 4 Personen:

4 Kabeljaufilets à ca. 200 g
400 g Rote Bete (gegart)
20 ml Apfelessig
2 Eier
1 kl. Bund Blattpetersilie
120 g Butter
40 g Butterschmalz
1 El brauner Zucker
Salz
Pfeffer

Zubereitung:

Die Eier hart kochen, abkühlen lassen, schälen und dann fein würfeln. Die Petersilienblättchen abzupfen und fein hacken. 100 g Butter zerlassen, vom Herd nehmen, Petersilie und Eier unterheben, salzen, pfeffern und abkühlen lassen.

Die Rote Bete fein würfeln. Die restliche Butter in einem Topf zerlassen, den Zucker hinzugeben und leicht karamellisieren lassen, mit dem Apfelessig ablöschen und anschließend die rote Bete hinzugeben. Mit Salz und Pfeffer abschmecken und bei milder Hitze 10 Minuten lang ziehen lassen, gelegentlich rühren.

Die Fischfilets waschen, trocken tupfen und von beiden Seiten salzen und pfeffern. Das Butterschmalz in einer beschichteten Pfanne gut erhitzen und die Filets von jeder Seite 1 bis 2 Minuten goldbraun anbraten, dann die Hitze reduzieren und 4 Minuten lang fertig garen.

Die Rote Bete auf vier Tellern verteilen, je ein Fischfilet darauflegen und zum Schluss die Ei-Petersilienbutter dazugeben. Mit Salzkartoffeln servieren.

Am besten schmeckt dieses Gericht mit Skrei, dem Winterkabeljau, der vor Norwegens Nordküsten gefangen wird. Als

Dorsch wächst dieser Fisch im Nordpolarmeer fünf bis sieben Jahre lang heran. Dann erreicht er seine Geschlechtsreife und wandert zum Laichen südwärts, bis er die etwas wärmeren Gewässer Nordnorwegens erreicht hat. Man nennt ihn dann Kabeljau.

Vor Norwegens Nordküste wird er zwischen Januar und April gefangen, traditionell mit der Handangel oder der Langleine. Sein Fleisch ist hell weiß, mager und fest. In Norwegen schätzt man auch seine Bäckchen und die Zunge als Delikatesse. Skrei, der nicht frisch verzehrt wird, trocknet über mehrere Wochen hinweg in der eisigen Luft zu Stockfisch.

Die kleineren Kabeljauarten der Ostsee heißen ebenfalls Dorsch. Der norwegische Kabeljau ist länger, von spitzer zulaufender Form und hat einen kleineren Kopf. Außerdem ist er fettärmer.

Peer Gynt in der Halle des Bergkönigs – die Erschaffung einer Legende

„Lieber Herr Grieg! Ich richte diese Zeilen an Sie, da ich einen Plan hege, den ich auszuführen gedenke, und weswegen ich Sie fragen möchte, ob Sie sich daran beteiligen." Der junge Edvard mit dem wallenden Haupthaar lehnte sich in seinem Schreibtischsessel zurück und strich gedankenverloren über den markanten Schnauzbart, den er sich vor kurzem zugelegt hatte. Mit ernster Miene betrachtete er das elfenbeinfarbene Briefpapier mit der schwungvollen Handschrift, das vor ihm auf dem Pult lag, und las den etwas sperrig formulierten Satz noch einmal. Fast schien es ihm, als atme dieser Brief einen heiligen Ernst, als sei er ein papierner Ritterschlag, eine ehrenvolle Anerkennung, die ihm endgültig die Weihe eines großen Künstlers zuteilwerden ließ.

Neun Jahre zuvor hatte Edvard Grieg den Verfasser dieses folgenschweren Briefes in Rom kennengelernt. Der 15 Jahre ältere Mann hatte ihn damals tief beeindruckt. Edvard selbst zählte zu jenem Zeitpunkt erst 22 Jahre, doch spürte er in sich eine große kreative Kraft, die mit Macht nach künstlerischer Entfaltung strebte. Er wollte komponieren, das wusste er bereits, seit ihm seine Mutter als Sechsjährigem das Klavierspielen beigebracht hatte. Sie, eine begnadete Musikerin, mühte sich geduldig, ihm die nötige Bedachtsamkeit und das gelassene Einfühlungsvermögen für die harmonischen Klänge mozartischer Klavierstücke zu vermitteln. Doch er wollte davon nur wenig wissen. Am liebsten dachte er sich nämlich eigene Melodien aus, und schon mit neun kritzelte er eifrig seine eigenen Klanggefüge auf Papier. Es drängte ihn, seine noch diffusen Ideen weiter zu entfalten, doch in der biederen musikalischen Gesellschaft seiner Heimatstadt Bergen traf er damit auf wenig Verständnis und fand keinerlei schöpferische Inspiration.

Nur Ole Bull, ein umjubelter Geigenspieler, der die regelmäßigen Musizierkreise in Edvards Elternhaus besuchte, machte sich für den Jungen stark. Dessen überbordendes Talent war dem Profimusiker nicht entgangen, und gemeinsam mit der Mutter überzeugte Bull Edvards Vater, dem Burschen eine geeignete Ausbildung zukommen zu lassen. An Geld mangelte es nicht, denn der Vater verdiente als gut etablierter Bergenser Fischgroßhändler und Konsul Großbritanniens ein stattliches Auskommen. So gelang es dank Bulls Fürsprache, Edvard schon im Alter von 15 Jahren einen Studienplatz am renommierten Konservatorium von Leipzig zu besorgen.

Die vier Jahre, die Edvard dort verbrachte, waren keine leichte Zeit für ihn. Er litt unter Heimweh und unter den rigiden Lehrmethoden, vor allem aber unter den unablässigen Übungsstunden, die er als stumpfsinnig empfand. Welche Erleichterung, als er 1862 endlich nach Bergen zurückkehren konnte! Nun, so glaubte er in seinem jugendlichen Enthusiasmus, stünde einer großen Karriere in seiner norwegischen Heimat nichts mehr im Wege. Aber er wurde enttäuscht. Zwar fanden seine Auftritte durchaus Anklang, doch empfand er die Enge des gestalterischen Rahmens, den das konservative Publikum ihm zubilligte, als unerträgliches Korsett.

So begab er sich auf Reisen. In der lebhaften Kunstszene von Kopenhagen traf er seine große Liebe, die Sängerin Nina Hagerup, die er später heiratete. Doch vorerst zog es ihn weiter nach Rom, dem Traumziel der Kulturschaffenden seiner Zeit. Und hier begegnete der 22-Jährige auf der Weihnachtsfeier der Skandinavischen Gesellschaft erstmals dem Verfasser jenes Briefes, den er jetzt gerade aus Dresden erhalten hatte: dem 15 Jahre älteren Henrik Ibsen, der damals bereits seit einem Jahr in Italiens Hauptstadt lebte. Die erste Begegnung der beiden endete wenig inspirierend, denn die Feier uferte in ein rechtes Gelage aus. „Ibsen stockbesoffen", notierte Edvard Grieg, offensichtlich irritiert ob dieses haltlosen Zustands des gefeierten Dichters.

Auch Ibsen stammte aus Norwegen, aus Skien in Telemark, einer Provinz im Süden des Landes. Sein Vater hatte durch gravierende Fehlentscheidungen alles Vermögen verloren, sich der Alkoholsucht hingegeben und der Unterhaltspflicht gegenüber seinem Sohn entzogen. Deshalb musste der junge Ibsen sich selbst durchschlagen. Er absolvierte eine Apothekerlehre, doch sein sprühender Esprit brachte ihn schon früh zur Literatur. Auf der Suche nach mehr Wissen und Erfahrung ging er mit 22 Jahren in die Hauptstadt Christiania, das heutige Oslo, und schloss sich den dortigen Intellektuellen an. Insbesondere die altnordischen Geschichten und Mythen taten es ihm an, er studierte sie ausgiebig. Und es war der Geiger Ole Bull, der auch dieses junge Talent entdeckte und als Hausdichter an das Theater von Bergen engagierte. Sechs Jahre erfüllte Ibsen diese Aufgabe, dann zog es ihn ins Ausland, wo er sein schriftstellerisches Spektrum erweitern wollte. Als er schließlich 1857 nach Christiania zurückkehrte, feierte sein unterwegs verfasstes Bühnenstück einen triumphalen Erfolg.

Doch auch Ibsen empfand in Norwegen schöpferische Enge, deshalb entschloss er sich, vorerst in Italien und Deutschland zu leben. Großzügige Mäzene aus der Heimat ermöglichten ihm eine akzeptable Existenzsicherung, und so fand er im Ausland endlich zu höchster Schaffenskraft. Inzwischen galt er als der bedeutendste norwegische Dichter seiner Zeit.

Besonders ein Werk trug ihm Ruhm und Verehrung ein: das 1867 erschienene dramatische Gedicht Peer Gynt. Vielleicht wurzelt dessen Erfolg teilweise darin, dass Ibsen durch seine persönliche Identifikation mit der Hauptfigur dem Plot eine außerordentliche emotionale Tiefe und Eindringlichkeit verleihen konnte. Denn auch Peer Gynts Vater verliert sein gesamtes Vermögen und stürzt in die Trinksucht ab. Um dem Elend seiner Kindheit zu entkommen, flieht Peer Gynt in eine Traumwelt. Seine Fantasie baut ihm fabelhafte Luftschlösser, inspiriert von nordischen Märchen, Sagen und Legenden. Zwischen Trollen und Dämonen findet er Ingrid und Solveig, zwei junge Frauen, und entdeckt in Solveig seine große Liebe. Obwohl sie ihn erhört, kommen die beiden nicht zusammen.

Denn als wir Peer Gynt nach einem abrupten Cut 30 Jahre später wiederbegegnen, ist er alleine in Marokko. Da wird er gerade um sein Vermögen gebracht, das er im Lauf der Jahre durch Sklavenhandel erlangt hat. Sein Schiff sinkt, eine Horde Affen jagt ihn in die Wüste. Dort begegnet er der Jungfrau Anitra, die ihn auch noch um seine allerletzten Habseligkeiten bringt. So endet Peer Gynt zunächst im Irrenhaus, schließlich kehrt er verhärmt, alt und bettelarm in seine norwegische Heimat zurück, dem Wahnsinn nahe. Erst ganz zum Schluss erscheint Solveig, die ein Leben lang auf seine Rückkehr gewartet hat, und rettet seine Seele.

Die vor dem Hintergrund nordischer Mythologie erzählte Geschichte von der verzweifelten Suche nach der eigenen Identität, von Irrwegen und der Sinnlosigkeit des Strebens nach materiellen Gütern, von der ungelebten Liebe, deren Trost sich wie ein bitterer Schatten über das vergeudete Leben legt, verlieh Ibsens Dichterruhm Flügel.

Das wiederum weckte in Ibsen den Wunsch, mehr aus seiner Peer-Gynt-Story zu machen. Man müsste die Geschichte auf die Bühne bringen! Und würde es die Dramatik nicht in ungeahnte Sphären tragen, wenn das Ganze musikalische Untermalung erhielte?

Da erinnerte sich Ibsen an Edvard Grieg, den er als blutjungen Mann bei der feuchtfröhlichen Weihnachtsfeier in Rom kennengelernt hatte. Dessen herausragendes Talent war dem Dichter ungeachtet seines damaligen Vollrauschs keineswegs entgangen. Und erst wenige Jahre zuvor hatte Grieg mit der Vertonung eines Ibsen-Gedichts gezeigt, dass er zu derlei Kompositionsarbeit durchaus die Fähigkeit besaß. Grieg feierte mit „Margaretes Wiegenlied" die Geburt seiner ersten und einzigen Tochter und legte hierfür ein Gedicht Ibsens zugrunde. Dies war Grieg als denkbar erhabenster Ausdruck seiner übergroßen Freude und Dankbarkeit erschienen.

Und nun wandte sich der gefeierte Ibsen mit einer Bitte an ihn! Grieg atmete tief ein, nahm den Brief wieder vom Schreibtisch und begann, weiterzulesen. Ein freudiges Zittern ergriff seine Hände und ließ das Papier zwischen den Fingern vibrieren. Denn Ibsen beabsichtigte nichts Geringeres, als sein Gedicht von Peer Gynt zu einem musikalischen Bühnenwerk mit epischen Dimensionen ausarbeiten zu lassen! In den folgenden Zeilen legte er akribisch dar, wie er sich dies im Einzelnen vorstellte. Grieg schloss die Augen und sah die Szenen vor sich. Die lichtflirrende Morgenstimmung, höfisch gewandete Trolle und grimmige Gnomen in der magischen Halle des Bergkönigs, die fremdartige Exotik tanzender orientalischer Schönheiten und das nebelhafte Traumbild einer fast überirdischen Solveig. Ein dramatisches Gefüge aus Choralgesängen, Glockenläuten, wilden Akkorden und sanft-harmonischen Volksmelodien begann, in seinem inneren Ohr zu erklingen.

Die Geschichte von Peer Gynt bot das ideale lyrische Umfeld, in dem er seine eigene Liebe zur nordischen Mythenwelt endlich frei entfalten konnte. Sofort begab er sich ans Werk.

Doch die Arbeit gestaltete sich schwieriger und komplexer, als er es sich anfangs vorgestellt hatte. Die Kontroversen der Geschichte machten ihm zu schaffen, die norwegische Volkstümelei und Selbstgefälligkeit empfand er streckenweise als maßlos übertrieben. Das gab ihm das Gefühl, sich auf musikalisches Glatteis zu begeben. Hochtrabendes Pathos wand sich widerspenstig durch die Partitur, sodass er sich nicht zurückhalten konnte, es streckenweise mit fast schon karikierender Ironie zu überspitzen. Am Ende, nach einem ganzen Jahr des Komponierens, zeigte er sich keinesfalls zufrieden. Manches, so notierte er kurz vor der Uraufführung am Christiania Theater, hätte er deutlich besser instrumentieren können. Die Orchesterproben in Christiania hatte er notgedrungen dem dortigen Kapellmeister überlassen müssen, denn er selbst war zurück nach Bergen gereist. Dort lagen seine Eltern im Sterben, und nach deren Ableben sah er sich außer Stande, Kraft in die Aufführung seines Werks zu stecken.

Dennoch geriet die Inszenierung zu einem grandiosen Erfolg. Besonders wirkungsvoll, ja, auf geradezu geniale Weise passe die Musik zu den Handlungsebenen des Gedichts von Ibsen, schrieb die Hauptstadtpresse. Wieder und wieder kam Peer Gynt zur Aufführung. Doch Grieg gab sich damit nicht zufrieden. Immer aufs Neue revidierte er seine Komposition, ergänzte sie durch neue Stücke, feilte an einzelnen Passagen herum. Peer Gynt wurde zu seiner Lebensaufgabe.

So kommt es, dass Peer Gynt in etlichen Varianten existiert. Doch besonders die Suiten 1 und 2 feierten weltweit atemberaubende Erfolge, sie zählen noch heute zu den berühmtesten Orchesterstücken überhaupt. Grieg hat in diesen beiden

Suiten die Musik seines Werks zusammengefasst und dabei auf Gesang und Dialoge verzichtet, um auch außerhalb von Norwegen verstanden zu werden. Die eindringlichen Bilder entstehen allein durch den Klang seiner Tonkunst: die hochromantische „Morgenstimmung“, die gleich lichten Sonnenstrahlen den Nebel norwegischer Fjorde zu durchdringen scheint, oder die dumpfe, unheimliche Bedrohlichkeit, wenn sich das tiefe Staccato in der „Halle des Bergkönigs“ bis zum infernalischen Fortissimo steigert. Bitterer Schmerz und süßer Trost verschmelzen in „Solveigs Lied“ zum melancholischen Final. Grieg ist nichts Geringeres gelungen, als die norwegische Volksseele, ihre Mythen und Legenden sowie die majestätische Erhabenheit der Natur ihres Landes in einem Guss zu vereinen.

Deshalb ist es wohl kein Wunder, dass heute fast jeder Peer Gynt ganz automatisch mit Edvard Grieg in Verbindung bringt. Henrik Ibsen hingegen blieb für seine Gesellschaftsromane in Erinnerung, deren schonungslose Enthüllungen den Menschen ihre moralischen Abwege, aber auch die Eigenverantwortlichkeit gegenüber ihrem Schicksal vor Augen halten. Mitunter erzeugte er damit riesige Skandale und so heftigen Widerstand, dass die Aufführung seiner Werke an vielen Theatern lange Zeit verboten war.

Trotz ihrer Zusammenarbeit und des großartigen Erfolgs von Peer Gynt wurden Grieg und Ibsen nie Freunde. Grieg, der auf Fotos Albert Einstein zum Verwechseln ähnelt, empfand den Älteren stets als zugeknöpft und undurchdringlich. „Er war nicht glücklich, denn in ihm war eine Art Eisklumpen, der nie schmolz“, resümierte er nach Ibsens Tod im Mai 1906. Es muss ein gewaltiger Eisklumpen gewesen sein, wenn selbst Griegs gefühlstiefe Musik ihn nicht zum Schmelzen bringen konnte.

Kanelboller – norwegische Zimtschnecken

Zutaten:

1 kg Mehl
500 ml Milch
100 g Zucker
300 g Butter
1 Würfel Hefe
100 g Rohrohrzucker
Salz
gemahlener Kardamom
gemahlener Zimt
Puderzucker
Mehl für die Arbeitsfläche
Butter zum Einfetten

Zubereitung:

Die Milch lauwarm erhitzen, die Hefe hineinbröckeln und auflösen. Die Hälfte der Butter zerlassen. Das Mehl und den Zucker mit ½ Tl Salz und 1 El Kardamom in eine Schüssel geben, Butter und Hefemilch hinzugießen und alles 5 Minuten lang miteinander verkneten. Mit einem Geschirrtuch abdecken und ½ Stunde lang an einem warmen Ort gehen lassen. Anschließend noch einmal durchkneten, dann den Teig auf der eingemehlten Arbeitsfläche etwa zur Größe eines Backblechs ausrollen. Die restliche Butter zerlassen und den Teig an der Oberseite damit bestreichen. Mit dem Rohrohrzucker und etwas Zimt bestreuen, aufrollen und die Rolle in ca. 6 bis 7 cm breite Stücke schneiden. Eine Springform mit Butter einfetten und die Teigrollen aufrecht nebeneinander hineinsetzen. Den Backofen auf 200 °C vorheizen und die Springform hineinstellen. Ca. 25 Minuten lang backen, bis die Oberseite des Teigs goldbraun ist. Dann herausnehmen, die Springform öffnen, die Schnecken mit Puderzucker bestäuben und etwas abkühlen lassen. Die Schnecken schmecken lauwarm am besten, zum Verzehr trennt man die einzelnen Rollen wieder voneinander. Man kann sie auch mit Zuckerguss überziehen oder vor dem Zusammenrollen des Teigs jeweils einen Klecks Apfelmus an einem Ende daraufgeben.

Von Händlern, Sportlern und Regen – Bergen

Unsere Hurtigrutenfahrt beginnt in Bergen. Von hier aus starten die Schiffe ihre lange Reise. Doch nicht nur das verschafft dem Hafen von Bergen eine große Bedeutung. Er ist ein wichtiger Nordseehafen und äußerst beliebter Anlaufpunkt für Kreuzfahrtschiffe. Das macht ihn zu einem der betriebsamsten Häfen von Europa.

Und er ist die Keimzelle der heutigen Großstadt, die mit knapp 300.000 Einwohnern die zweitgrößte Stadt des Landes ist. Denn dank seiner Lage im Inneren Byfjord ist der Naturhafen an der Meerseite gut vor Sturm und unbändigen Fluten geschützt, zur Landseite hingegen schirmen ihn sieben Hügel gegen Wetterunbill ab. Deshalb entwickelte sich der Hafen von Bergen schon früh zum wichtigsten Umschlagplatz im hohen Norden, Bergen schloss sich dem Handelsbund der Hanse an.

So entstand die Spezialistengruppe der Bergenfahrer, die sich auf den Handel mit Norwegen über das Hansekontor Bryggen in der Stadt Bergen konzentrierten. Gleich neben den Holzhäusern des Kontors erbauten sie ihr eigenes, das Deutsche Kontor, das bis zur Mitte des 18. Jahrhunderts 400 Jahre lang bestand. Die Bergenfahrer kamen vornehmlich aus Lübeck, Stralsund, Bremen, Rostock und Wismar. Handel trieb man mit Stockfisch, dem wichtigsten Standbein der norwegischen Wirtschaft jener Zeit, und mit Fischöl, aber auch

Getreide aus dem Ostseeraum wurde in Bergen umgeschlagen. Zur Blütezeit stellten deutsche Händler und Handwerker ein Viertel der Bewohner von Bergen, das damals die größte Stadt Norwegens war. Bryggen mit seinen eng aneinandergebauten und ineinander verschachtelten Holzhäusern bildete das Herz dieser Stadt. Die bauliche Situation machte das Viertel im wahrsten Sinne des Wortes brandgefährlich, deshalb unterlagen jegliche Herd- und Kaminfeuer einem strikten Verbot. Die Häuser waren unbeheizt, nur die Versammlungsräume im rückwärtigen Teil genossen eine Ausnahmeregelung.

Das mag ja auszuhalten gewesen sein, wenn Bergen durch die bereits erwähnte Lage wirklich solch ein begünstigtes Klima hat. In der Tat verhindert der Golfstrom hier harte Winterfröste, die Temperaturen fallen selten unter null Grad. Im Sommer tun sie sich dafür schwer damit, die Zwanzig-Grad-Marke zu knacken. Zu denken gibt mir allerdings vielmehr eine andere Tatsache, von der ich im Vorfeld unserer Reise lese: Bergen gilt als die regenreichste Stadt Europas!

Das kann den Händlern in ihren überdachten Kontoren vielleicht einerlei gewesen sein, aber was bedeutet das für unsere Reise? Durchschnittlich 248 Regentage gibt es, so lese ich, und dabei fallen 2.548 Millimeter Niederschlag, das sind schlappe zweieinhalb Meter. Ich sollte wohl mein Regencape einpacken.

Wir erreichen Bergen mit dem Flugzeug. Unter uns hat sich eine dichte Wolkendecke zusammengeballt, und als wir im Anflug auf Bergen zu sinken beginnen, tauchen wir fast unmittelbar in diese ein. Wir sinken immer weiter, von der Reiseflughöhe in etwa 11.000 Metern Höhe abwärts, wo irgendwo unter den Wolkenschwaden die Landebahn liegt. Neugierig spähe ich aus dem Fenster. Irgendwann muss sich der undurchdringlich trübe Nebeldunst ja lichten und schließlich aufreißen. Zumal er doch fast schon in Reiseflughöhe seinen Anfang nahm!

Doch ich warte vergebens. Erst unmittelbar vor der Landung, in vielleicht 30 Metern Höhe, wird der Erdboden sichtbar. Ich erhasche einen kurzen Blick auf rot gestrichene Häuser, auf das satte Grün einer von Nässe durchtränkten Natur, auf das tristgraue Wasser einer Bucht, aus der einzelne Schären herausragen. Gerade denke ich noch, es könnte schön sein, da sind wir auch schon unten. Kann eine Wolkendecke wirklich und wahrhaftig solche Ausmaße besitzen?

Entsprechend tropfnass präsentiert sich Bergen im Nieselregen. Dass es trotzdem nicht grau wirkt, ist den bunten Holzhäusern des Handelskontors geschuldet, den zahllosen Schiffen, die quirliges Leben in den Hafen spülen, dem lebhaften Fischmarkt, der sich von keinem Wetter etwas anhaben lässt, und den vielfarbigen Wohnhäusern mit ihren oftmals roten Dächern, die sich zwischen üppigem Grün am gegenüberliegenden Hang emporziehen.

Dies sei der Fløyen, Bergens Hausberg, doziert mein Mann, der im Gegensatz zu mir auf einen reichen Erfahrungsschatz in Bezug auf Norwegenreisen zurückblicken kann. Auf das Bergplateau in knapp 400 Metern Höhe führt seit 1918 eine Standseilbahn, mithilfe derer sich der Aussichtspunkt in wenigen Minuten erreichen lässt. Von dort oben überblickt man weite Teile der Stadt und insbesondere ihren betriebsamen Hafen, deshalb beschließen wir, gleich am nächsten Morgen hinaufzufahren.

Obwohl wir schon ziemlich früh an der Talstation sind, finden sich dort bereits erste Touristengruppen ein. Alljährlich fahren nämlich mehr als eine Million Besucher mit der Fløibane hinauf auf den Fløyberg. Woher all die Menschen kommen, sehen wir gleich, als wir oben angekommen sind und die Panoramaplattform betreten: Unten im Hafen haben drei riesige Kreuzfahrtschiffe festgemacht! Sie werden von dort aus zur Fjordfahrt aufbrechen, aber nicht, ohne vorab ihren Passagieren einen Besuch der alten Hansestadt ermöglicht zu haben.

Das sorgt dafür, dass insbesondere Bryggen tagsüber vor Menschen überquillt. Und es hat noch eine andere negative Auswirkung: Als später, auf unserer Rückreise, ganze sieben Hochseepassagierpötte vor Bergen liegen, sind deren Abgase im gesamten Hafenbereich deutlich zu riechen. Schließlich müssen diese Schiffe ihre Motoren weiterlaufenlassen, wenn sie an der Pier liegen. Denn die Motoren betreiben die gesamte Schiffselektrik einschließlich Beleuchtung, Computern, Klimaanlagen, Warmwasserversorgung, Kühlräumen, Küchen und so fort. Seit 2019 ist die Zahl der Kreuzfahrtschiffe, die gleichzeitig in Bergen anlegen dürfen, deshalb auf drei mit insgesamt maximal 8.000 Passagieren limitiert. Ab 2026 dürfen nur noch Kreuzfahrtschiffe mit Gas- oder Wasserstoffantrieb einlaufen

Trotz des Gestanks muss ich zugeben, dass es ein faszinierendes Bild ist, dass sich auf dem Fløyen eröffnet: die Dächer der Häuschen, die in hübsch geordneten Reihen zu unseren Füßen liegen, das ruhige, silbrig schillernde Wasser, die bewaldeten Hügel, die sich in die Ferne ziehen und immer wieder von Ausläufern des Fjords unterbrochen werden, und zwischen all dem die wirklich majestätischen Kreuzfahrschiffe, groß wie Hochhäuser.

Während ich noch stehe und schaue, ergießt die Fløibane immer mehr Urlauber auf den Fløyengipfel. Aus der gleichen Richtung, vom Meer her, kommt noch etwas anderes auf uns zu: Eine dicke Wolkenwand, und ehe wir uns versehen, verhüllt sie Fjord und Berge, Kreuzfahrtschiffe und Stadthäuser und schließlich uns selbst. Der Vorhang hat sich geschlossen, das spektakuläre Bühnenbild ist entschwunden.

So wenden wir uns ab und entscheiden, den Abstieg zu Fuß zu bewältigen. Er führt uns durch einen dichten, regentropfenden Wald voller mächtiger Nadelbäume, markiger Felsen, plätschernder Bäche und vor allem einer Sinfonie aus Moosen und Gräsern, die über die Felsen hinunterhängen. Diese breitblättrigen Gräser erinnern mich sofort an die Haare von Trollen, und zum ersten Mal bekomme ich eine Ahnung davon, warum die Norweger in ihrer Natur allüberall Trolle wahrzunehmen meinen.

Auch eine andere Eigenart der Norweger lerne ich auf diesem Spaziergang kennen. Denn fast alle Naslang kommt uns jemand entgegen, Menschen aller Altersgruppen. Manche haben Hunde dabei, andere schieben einen Kinderwagen vor sich her, einige sitzen auch auf Fahrrädern. Sie alle haben eins gemeinsam: den Drang, schnellstmöglich hinaufzukommen. Sie joggen oder treten so fest in die Pedale, dass es mir bei dem Anblick ganz schummerig wird. Die Norweger seien ausnehmend sportlich, erklärt mein Mann. Sie bewegen sich mit großem Enthusiasmus in der Natur, sie wandern und laufen, fahren Rad oder segeln, und sobald die ersten Schneeflocken fallen, haben sie alle sogleich Skier unter den Füßen.

Der Drang, sich im Freien aufzuhalten, kumuliert am Nationalfeiertag, dem 17. Mai. Dann trifft sich ganz Norwegen draußen zum Umzug, gerne in Festkleidung und am liebsten in norwegischer Tracht, der Bunad. Die Straßen füllen sich mit einem Meer von norwegischen Flaggen. Im Anschluss gibt es ausgelassene Kinderfeste, und schlechtes Wetter wird dabei allenfalls mit einem Achselzucken quittiert.

Man feiert die Unterzeichnung der norwegischen Verfassung am 17. Mai 1814, und seit dem Ende des Zweiten Weltkriegs kommt dem Tag noch eine größere Bedeutung zu. Denn der Krieg endete bekanntlich am 8. Mai 1945, also kurz vor dem Nationalfeiertag. Damit wurde endlich ein Schlussstrich unter den Vernichtungsfeldzug der verhassten Deutschen gezogen, die zuvor in Norwegen unsagbares Unheil angerichtet hatten und sich kurz vor Kriegsende durch die hemmungslose Zerstörung norwegischer Städte noch einmal besonders negativ hervortaten. Beim Rückzug aus dem Nordosten Norwegens im Oktober 1944 machte die Wehrmacht sämtliche Ortschaften von Kirkenes bis Tromsø dem Erdboden gleich und hinterließ nichts als verbrannte Erde.

Kein Wunder also, dass die Norweger nun umso begeisterter ihren Nationalfeiertag begingen, kein Wunder, dass die Deutschen für lange Zeit äußerst unbeliebt waren. Seit damals heißt das Handelskontor nur noch Bryggen, statt Tyskebryggen – deutsche Brücke – wie zuvor. Auch hat man es bis Mitte der Sechzigerjahre komplett vernachlässigt, weil man sich dadurch an die unseligen Deutschen erinnert fühlte. Schon sollte Bryggen abgerissen werden, als die Stadtväter sich 1965 doch noch zu seiner Wiederherstellung durchringen konnten. Mit den Jahrzehnten schwand auch die gut nachvollziehbare Wut auf die Deutschen, die heute überall freundlich willkommen geheißen werden und sich gerne am großen nationalen Festtag mit viel Bewegung im Freien beteiligen dürfen.

Doch der ist nichts gegen Bergens Sieben-Berge-Tour, die „7-fjellsturen". Ich erwähnte ja schon, dass die Stadt von sieben Hügeln umgeben ist, der niedrigste davon ist 317 Meter hoch, den höchsten stellt der Ulriken mit 643 Metern dar. Nun treffen sich eine beachtliche Anzahl Bergenser jedes Jahr an einem Sonntag im Mai, um die Gipfel all dieser Berge nacheinander zu erstürmen. Und zwar an einem einzigen Tag! Die Bergtour summiert sich zu einer Strecke von knapp 36 Kilometern Länge, dabei ist eine Höhe von zusammengenommen 2.301 Metern zu erklimmen (und natürlich auch wieder hinunterzusteigen). Es gibt zwar auch eine abgemilderte Strecke, die nur über vier Gipfel führt. Aber die ist den Wandersleuten unter zwölf und jenseits der 65 vorbehalten.

Ungläubig lasse ich diese Zahlen auf mich wirken, während wir mittlerweile den Wald verlassen haben und zwischen den Häusern von Bergen weiter hangabwärts spazieren. Hier empfängt uns eine ganz besondere Atmosphäre zwischen vielen alten Holzhäusern, die größtenteils liebevoll restauriert und mit buntem Blumenschmuck verziert sind. Fast fühlt man sich in eine längst vergangene Zeit zurückversetzt. Vor manchen der Häuser hängen kleine Balkone, von denen man bestimmt einen prächtigen Blick über die Dächer hinweg bis zum Hafen genießt. Aber wann sollen die armen Bewohner ihre Balkone nutzen, wo es doch hier fast immer nur regnet?

Die Antwort erhalte ich erst auf der Rückreise. Über Bergen hat ein strahlend blauer Himmel die Herrschaft an sich genommen, kein Wölkchen weit und breit. Bei hochsommerlichen Temperaturen wiederholen wir die schöne Fløyen-Tour noch einmal. Nun leuchtet das Fjordwasser tiefdunkelblau, das Grün glitzert satt und verschwenderisch. Die hell gestrichenen Holzhäuser funkeln grell im Sonnenschein, und die Blüten der zahlreichen Rosenranken glänzen dazwischen übermütig wie die blutroten Küsse der überbordenden Sommerfreude. Auf einem Balkon haben zwei Leute Platz genommen, sie trinken Kaffee und sind in ein Gespräch vertieft. Ganz ruhig und unaufgeregt widmen sie sich ihrem Plausch unter freiem Himmel, so als sei dies nichts Besonderes und könne jederzeit aufs Neue stattfinden.

Dabei kann es doch schon morgen wieder regnen.

Potetkaker – Kartoffelbratlinge nach norwegischer Art

Zutaten für vier Personen:

600 g Kartoffeln
150 g Paniermehl
100 ml Sahne
2 Eier
50 g geriebener Käse
100 g Speckwürfel
1 Handvoll Blattpetersilienblättchen
Salz
Pfeffer
reichlich Speiseöl

Zubereitung:

Die Kartoffeln schälen, in Salzwasser garen und durch die Kartoffelpresse drücken. Die Speckwürfel in einer Pfanne ohne Fett erhitzen und auslassen. Die Petersilienblättchen grob hacken. Nun Kartoffelbrei, Paniermehl, Sahne, Eier, Käse, Speck und Petersilie gut miteinander vermengen und mit Salz und Pfeffer würzen.

Kleine Brätlinge daraus formen und in reichlich heißem Speiseöl von beiden Seiten goldgelb braten.

Dazu passen geräucherter Lachs und/oder ein bunter Salat.

Landschaft, Zugkraft, Superlative – zwischen Oslo und Bergen

Hätten wir mehr Zeit mitgebracht, so wäre die Anreise nach Bergen auch mit dem Auto möglich gewesen. Von Kiel aus hätte uns die Fähre nach Oslo gebracht, und dann wären wir mal eben quer durch Südnorwegen hinüber nach Bergen gefahren. Schließlich beträgt die Entfernung bloß rund 500 Kilometer, das ist nicht allzu weit.

Dabei gibt es allerdings eine kleine Einschränkung: Über die Distanz führt keinesfalls eine schnell zu befahrende Autobahn, sondern vielmehr eine herausforderungsreiche Abenteuerstraße. So jedenfalls wird sie von der lokalen Tourismusverwaltung bezeichnet, in Wirklichkeit handelt es sich um mehrere Landstraßen, und man muss sich entscheiden, welche der Strecken man wählt. Die Qual der Wahl, denn sie alle führen durch wilde Natur und berauschend schöne Landschaften. Da warten Felder und Wiesen, Berge und Fjorde, tosende Wasserfälle, abgrundtiefe Schluchten. Und hinter dem südöstlichen Gebirgsmassiv öffnet sich die windige Einsamkeit der Hardangervidda, Europas größte Hochebene und Norwegens größter Nationalpark.

Eiszeitliche Gletscher haben das ehemals gebirgige Plateau geschliffen und eine faszinierende Komposition aus weiten, grasigen Ebenen, sanft gewellten Hügeln und endlosen Sumpfflächen zurückgelassen. Fast unwirklich irisierend tauchen flache Seen mitten im Grasland auf, als wollten sie die Weite des Himmels hinunter auf die Erde spiegeln. Es wirkt ganz so, als habe sich der letzte Gletscher eben erst zurückgezogen. Und wahrhaftig findet man im Nordwesten mit dem Hardangerjøkulen einen 73 Quadratkilometer großen Eisriesen. Obwohl das ganz schön viel ist, bringt der Hardangerjøkulen es doch nur auf Platz sechs in der Rangliste norwegischer Gletscher. Tabellenerster ist der Jostendalsbreen weiter nördlich im zentralnorwegischen Gebirge, er bringt es auf satte 474 Quadratkilometer bei einer Gesamtlänge von 40 Kilometern.

Die urtümliche Landschaft der Hardangervidda liegt oberhalb der Baumgrenze und bietet daher viel Raum für polare Vegetation wie die Moltebeere, die hier reichlich vorkommt. Dazwischen tummeln sich Schneehühner, Schneehasen, Vielfraße und jede Menge Lemminge. Das sind die mäuseartigen Wühltierchen, denen man nachsagt, hin und wieder kollektiven Selbstmord zu begehen. Tatsächlich heißt es, dass einige Populationen mitunter gravierend anwachsen, und dass die Tiere sich dann gemeinsam aufmachen, um neue Lebensräume zu erschließen. Das kommt allerdings nur sehr selten vor, und wenn überhaupt, dann im weiter nördlich gelegenen Lappland. Außerdem gehört die suizidale Absicht dabei ins Reich der Mythen und Legenden.

Die Berglemmige der Hardangervidda gehen nicht auf Wanderschaft und sind auch nicht lebensmüde. Stattdessen droht ihnen das deutlich wahrscheinlichere Schicksal, auf der Speisekarte einer Schneeeule oder eines Polarfuchses zu landen, denn auch diese leben in den Weiten des Hochplateaus. Und schon beim allmählichen Abklingen der Eiszeit eroberten Rentiere die nahrungsreichen Weiden, noch heute verbringt hier Norwegens größte freilebende Herde alljährlich die Sommerfrische. Die Menschen haben dazu noch Schafherden in die Hardangervidda gebracht.

Wölfe hingegen dringen noch nicht bis hierher vor. Die wenigen Wölfe Norwegens leben größtenteils in der Provinz Hedmark an der schwedischen Grenze. Das mag damit zusammenhängen, dass Wölfe in Schweden einen strengen Schutz genießen, während die Norweger über den Umgang mit dem Räuber stark zerstritten sind. Erst kürzlich kam es zum Eklat, als der Umweltminister ein Gutteil der norwegischen Rudel zum Abschuss freigab. Doch schon sehr bald ruderte er wieder zurück, um nicht in Konflikt mit der Berner Konvention zum Erhalt von Wildtieren zu geraten.

Den scheuen Isegrim werden Wanderer nicht zu Gesicht bekommen, die auf den mehr als 1.200 Kilometer langen Pfaden in der Hardangervidda unterwegs sind. Sie kommen stattdessen in den Genuss einer hautnahen Begegnung mit der arktischen Sommerlandschaft, mit bunt schimmernden Blumenteppichen, endlosen Wollgraswiesen, reißenden Schmelzwasserflüssen, plötzlich auffliegenden Vogelschwärmen, aber auch mit Myriaden von Mücken. Ein Netz aus Wanderhütten bietet Übernachtungsmöglichkeiten, und ganz Hartgesottene machen sich sogar im Winter mit Schneeschuhen und entsprechender Spezialausrüstung auf den Weg.

Von der Hardangervidda geht es weiter zum mächtigen Hardangerfjord, den die Norweger gar als „König der Fjorde" bezeichnen. Auch hier ist kein gutes Vorankommen, denn die atemberaubenden Ausblicke machen es schwer, den Blick auf der Fahrbahn zu halten. Besonders dramatisch stürzen die Felswände beim kleinen Ort Eidfjord hinunter zum düsteren Wasser des Fjords. Etwas weiter südlich herrscht an den Ufern der Fjordausläufer ein weitaus milderes Klima als oben auf der rauen Hochebene. Deshalb wachsen hier sogar Obstbäume, die Gegend gilt als ein Paradies der Früchte. Die Spitzen der Berge verhüllen sich oft im Nebel, und immer wieder rauschen Wasserfälle in die Tiefe. Es heißt, dass man auf der Strecke von Oslo nach Bergen in geballter Form fast allen Landschaftstypen begegnet, die Norwegen zu bieten hat.

Wer die Fahrt jedoch genießen will, ohne ständig auf die Straße achten zu müssen, der besteigt die Bergensbanen. Dass diese Bahnstrecke existiert, ist keineswegs selbstverständlich. Denn die Extreme der Landschaften, durch welche die Trasse führt, stellten ihre Erbauer vor echte Herausforderungen. Auf der gut 500 Kilometer langen Strecke ist ein Höhenunterschied von etwa 1.240 Metern bis zu ihrem höchsten Punkt beim 300-Seelen-Nest Finse zu überwinden. Das macht den Bahnhof von Finse zum höchstgelegenen in ganz Nordeuropa. Er liegt am Nordrand der Hardangervidda ganz in der Nähe des Gletschers Hardangerjøkulen. Die eigenwillige, eisig karge Landschaft von Finse diente 1979 als Kulisse für den Star-Wars-Klassiker „Das Imperium schlägt zurück".

Doch nicht nur der Bahnhof Finse darf sich mit einem Superlativ schmücken. Die Bergensbanen kann das toppen, denn sie ist eine der höchstgelegenen Bahnhauptstrecken von ganz Europa und gilt dazu noch als eine der landschaftlich schönsten des Kontinents. Unbeirrt rattert die Eisenbahn wie ein rot lackierter Lindwurm sommers wie winters voran, durch endlose, frostklirrende Schneewelten, durch wildgrüne Einsamkeit bis zum Horizont und darüber hinaus.

Die abweisenden Landstriche zwischen Oslo und Bergen zu durchwinden, erforderte den Bau von vielen Tunneln, etlichen Lawinenschutzvorrichtungen und etwa 300 Brücken. 15.000 Arbeiter schufteten dafür unter teilweise härtesten Bedingungen ganze 15 Jahre lang. Kein Wundern, dass König Haakon VII. bei der Eröffnungsfeier im November 1909 feierlich verkündete, dies sei das ingenieurstechnische Meisterwerk des Norwegens seiner Generation.

Doch selbst zur Bergensbanen gibt es noch eine Steigerung. Um diese kennenzulernen, muss man den Zug im Bahnhof Myrdal am Westrand der Hardangervidda verlassen. Denn hier startet die Flåmsbana, eine Nebenstrecke der Bergensbanen. Sie ist zwar nur 20 Kilometer lang, und die Fahrzeit beträgt bloß rund eine Stunde. Trotzdem gilt sie als eine der Hauptattraktionen in diesem Teil Norwegens.

Auf dem kurzen Weg muss die Flåmsbana nämlich einen Höhenunterschied von 864 Metern überwinden. Das bedeutet, dass ein Gutteil der Strecke eine Steigung von rund 30 Prozent hat, im extremsten Bereich sind es sogar sagenhafte 55 Prozent.

Damit gehört die Flåmsbana zu den steilsten Reibungseisenbahnen der Welt. Im Gegensatz zu Zahnradbahnen oder Standseilbahnen wie Bergens Fløibane wird bei den im gewöhnlichen Zugverkehr eingesetzten Reibungsbahnen der Antrieb des Motors ausschließlich durch die Haftreibung der Räder umgesetzt. Sie können deshalb starke Steigungen nur eingeschränkt überwinden. Damit die Flåmsbana ihre Herausforderungen bewältigen kann, werden für einen Zug zwei Lokomotiven gleichzeitig eingesetzt.

Auf ihrer 20 Kilometer kurzen Strecke rollt die Flåmsbana durch genauso viele Tunnel. Einer davon ist ein Wendetunnel, den die Bahn in entgegengesetzter Richtung wieder verlässt. Durch eine wilde Bergwelt zieht die Flåmsbana ihre Passagiere von Myrdal aus vorbei an einsamen Gehöften und tosenden Wasserfällen bis hinunter zum Aurlandsfjord, einem Nebenarm des Sognefjords. Denn ihr ursprünglicher Job war es, eine Transportverbindung zwischen der Bergensbanen und dem Fjord zu schaffen. Dieser Fjord ist übrigens mit 204 Kilometern der längste Fjord Europas und gleichzeitig mit 1.308 Metern auch der tiefste unseres Kontinents.

Doch obwohl die Flåmsbana erst 1940 ihren Betrieb aufnahm, war sie schon im nächsten Jahrzehnt wieder von der Schließung bedroht. Die Transportwege begannen sich zu ändern, eine kostendeckende Auslastung der Bahn stand infrage. Da erfuhr sie einen ähnlichen Wandel wie die Hurtigruten: Man setzte auf den Personenverkehr. Denn der hatte im Lauf der Betriebsjahre beständig zugenommen, und ein cleveres Marketing lockte nun noch mehr Schaulustige auf die faszinierende Strecke. Inzwischen wurde die Flåmsbana vielfach in höchsten Tönen gelobt, ein Reisemagazin kürte sie gar zur schönsten Zugfahrt der Welt.

Deshalb geben sich heute eine Dreiviertelmillion Passagiere alljährlich dem Rausch der Steilfahrt hin. Um ihren Bedürfnissen gerecht zu werden, macht die Flåmsbana ein paar Minuten Fotopause am Kjosfossen, einem gewaltigen Wasserfall. Und während der Sommermonate wird sogar noch eins draufgesetzt: Als geheimnisvolle Huldrenen verkleidete Ballettschülerinnen führen inmitten des Sprühnebels der tobenden Wassermassen ein Tänzchen auf. Huldrenen sind in der nordischen Mythologie verführerisch schöne Waldfeen mit wallendem Blondhaar, die unschuldigen Männern auflauern und sie von ihrem Weg abbringen. Dazu bedienen sie sich ihres betörenden Gesangs und verstecken in den Falten ihres Gewandes tunlichst den Kuhschwanz, der sie als verwandelte Trollfrauen verraten würde. Der anmutige Tanz der Huldrenen ist ein starker Gegensatz zur spektakulären Macht des Kjosfossen, die, von den Reisenden unbemerkt, teilweise zum Antrieb der Turbine eines Wasserkraftwerks genutzt wird.

Wer mit der Flåmsbana auch wieder zurück nach Myrdal fährt, der kann seine Reise mit der Bergensbanen in zahllosen

Serpentinen wieder abwärts bis auf Meereshöhe vollenden. Die reine Fahrtzeit von Oslo nach Bergen beträgt ohne Unterbrechung rund sieben Stunden.

Doch wem der Zug zu schnell durch die grandiose Natur rattert, der kann die Strecke zumindest auf einem Teilstück auch zu Fuß bewältigen. Mit dem Rallarvegen führt ein 86 Kilometer langer, nicht asphaltierter Weg im Bereich der Hardangervidda entlang der Bergensbanen-Strecke. Ursprünglich wurde er allerdings nicht für Wanderer angelegt, sondern diente als Versorgungspfad für den Bau der Bahnlinie. Teilweise ist der Weg gut ausgebaut, teilweise auch in recht abenteuerlichem Zustand. Bis weit in den Juli hinein muss man zudem damit rechnen, dass er von Schneefeldern bedeckt ist. Trotzdem dient er nicht nur als Wander-, sondern auch als Radweg. Er gehört zur „Nationalen Fahrradroute 4“, die von Oslo nach Bergen führt.

Doch all diese Abenteuer entgehen uns, weil wir zur Anreise das Flugzeug gewählt haben. Stattdessen sehen wir nichts als eine kilometerdicke Wolkenschicht …

Flatbrød – das traditionelle Brot Norwegens

Zutaten:

200 g Weizenvollkornmehl
je 100 g Hafervollkornmehl und Roggenvollkornmehl
1 Tl Salz
250 ml Buttermilch
Mehl für die Arbeitsfläche

Zubereitung:

Alles Mehl in eine Schüssel geben und mit dem Salz vermischen. Den Mixer mit Knethaken versehen und damit rühren, dabei langsam die Buttermilch zufließen lassen. Kneten, bis ein fester, homogener Teig entstanden ist. Den Teig zu einer Kugel formen, fest in Haushaltsfolie einwickeln und 2 Stunden lang in den Kühlschrank legen. Dann in 8 Teile teilen und jedes Teil auf der gut eingemehlten Arbeitsfläche sehr dünn und kreisrund ausrollen. Den Backofen auf 200°C vorheizen und die Fladen nacheinander auf dem Rost backen, bis sie goldbraun werden, kross und völlig trocken sind. Auf einem Rost abkühlen lassen und trocken aufbewahren.

Flatbrød, „Flachbrot", gibt es in vielen Variationen, dabei können auch andere Getreidesorten oder Erbsenmehl, als Flüssigkeit Wasser oder Milch verwendet werden. Backtriebmittel finden hingegen keine Anwendung. Eigentlich wird es auf einer runden Platte gebacken, der „takke", und je dünner, desto besser. Es ist äußerst lange haltbar.

In Norwegen ist Flatbrød schon seit dem Mittelalter das allgegenwärtige Brot, das den Hunger stillt. Man isst es mit Fisch, Wurst oder Schinken, zu Suppen und Eintöpfen wie Labskaus, mit Käse oder Aufstrich wie Rømmegrøt (Rezept s. Seite 72), Blaubeer- oder Moltebeermarmelade.

Schafsköpfe und Schwabbelfisch – Norwegen kulinarisch

Mit etwas gemischten Gefühlen habe ich der Erkundung norwegischer Kulinarik entgegengeblickt. Die Küche des Landes genießt einen recht zweifelhaften Ruhm, und alles, was ich über Stockfisch, braunen Käse und dergleichen las, klang nicht unbedingt verführerisch. Mit entsprechend niedrig geschraubten Erwartungen trat ich meinen ersten Restaurantbesuch in Bergen an. Positiv fiel zuallererst das ungewöhnliche Ambiente auf, modern, aber doch voller althergebrachter norwegischer Akzente. Und dieser Eindruck setzte sich auch bei der Mahlzeit fort. Pfiffig, aber doch anders als das, was bei uns daheim auf den Tisch kommt. Ich war ziemlich begeistert.

Tatsächlich hat sich in den vergangenen Jahrzehnten in Norwegens Kochtöpfen so einiges getan. Wir haben ja schon gehört, dass die raue Natur des Landes den traditionellen Speisezettel stark einschränkt. War das Essen noch bis weit in die zweite Hälfte des letzten Jahrhunderts entsprechend als eintönig, langweilig und wenig schmackhaft verschrien, so hat sich inzwischen eine stille Revolution vollzogen. Denn natürlich findet man heutzutage auch in Norwegen die breite Palette globaler Spezialitäten vor, an die wir uns alle gewöhnt haben. In der Kombination mit den überlieferten norwegischen Rezepten lassen sich so ganz neue Geschmackserlebnisse hervorzaubern. Das findet sogar bei den gestrengen französischen Restaurantkritikern des Guide Michelin Anerkennung, 2016 wurde das erste norwegische Restaurant mit drei Sternen gekrönt.

Wer Norwegens Kost kennenlernen möchte, der kommt um Meeresbewohner nicht herum. Werfen wir also zunächst einen Blick auf das, was die Fischer ans Land schaffen.

Auch bei uns hochgeschätzt ist der norwegische Lachs, und fährt man entlang der Küsten, so begegnet man überall Lachsfarmen. Die norwegische Lachszucht ist inzwischen eine gigantische Industrie, rund 400 Millionen Exemplare tummeln sich in den hiesigen Meeresgehegen. Allein mit Wildlachs wäre es nämlich unmöglich, die enorme Nachfrage nach dem beliebten Fisch zu decken. Die Aquakultur ist mit zahlreichen Problemen behaftet, den typischen Nebenerscheinungen der Massentierhaltung. Doch mit einem jährlichen Exportumfang von mehr als einer Million Tonnen ist der Lachs ein wichtiges Standbein der Wirtschaft des Landes. Und von norwegischen Speisekarten ist er nicht wegzudenken. Er wird gekocht, gegrillt oder gebraten, geräuchert oder in einer Beize aus Salz, Pfeffer, Zucker und Dill zu Gravlaks verarbeitet.

Letztere Methode existiert schon seit vielen Jahrhunderten, Gravlaks oder auch Graved Lachs bedeutet im wörtlichen Sinne „eingegrabener Lachs“. In früherer Zeit rieb man den ausgenommenen Fisch mit der Beize ein und vergrub ihn anschließend für mehrere Tage am Strand oder in der Erde. Diese Art der Konservierung entzog dem Fisch Wasser, gleichzeitig fermentierte er leicht. So konnte er mehrere Wochen lang aufbewahrt werden. Heute findet die Prozedur allerdings nicht mehr im Boden, sondern in Kühlhäusern statt, und verzehrt wird der Gravlaks am liebsten mit einer süßlichen Senf-Dill-Sauce.

Als „Silber des Meeres“ gilt in Norwegen der Hering. Man verspeist ihn als Salzhering, aber auch in Sahne-, Senf- oder Tomatensauce. Daneben finden sich Sardinen und Makrelen auf der Speisekarte. Forellen werden in Salzlake fermentiert und heißen dann Rakfisk. Während des mindestens zwei bis drei Monate langen Fermentationsprozesses gären die Fische, das geschmackliche Resultat ist – vorsichtig formuliert – gewöhnungsbedürftig. Das hindert die Bewohner von Fagernes, einer kleinen Gemeinde in der nördlich von Oslo gelegenen Valdresregion, aber nicht daran, den Rakfisk alljährlich mit einem dreitägigen Festival zu feiern. Dort wurde die faulige Leckerei nämlich erfunden.

Sehr beliebt ist auch Reker, die norwegische Garnele. Dank des kalten Wassers gilt sie als deutlich schmackhafter als ihre Artgenossen aus südlicheren Gefilden. Sie wird gepult und roh mit Zitrone verspeist oder mit Knoblauch gebraten. Sollten Sie übrigens nicht wissen, was „pulen“ auf Norwegisch heißt, erliegen sie nicht der Versuchung, im Gespräch mit einem Norweger einfach das deutsche Wort zu übernehmen. Die Bedeutung im Norwegischen ist ganz anders und könnte bei Ihrem Gesprächspartner für Irritationen sorgen (deutsch „pulen“ – norwegisch „pille“, norwegisch „pule“ – deutsch ein Vulgärwort für „Sex haben“).

Und wo wir nun schon einmal beim Fisch sind, kommen wir natürlich um den Kabeljau nicht herum, von dem wir ja schon einiges gehört haben. Weil man den Fisch nur zu einer ganz bestimmten Zeit im Winter fangen kann und weil er sich zudem in der Vergangenheit dann schlecht abtransportieren ließ, brauchte man eine geeignete Konservierungsmethode. Da bot sich natürlich die allereinfachste an: die ausgenommenen Tiere an der kalten Luft trocknen zu lassen. Bis April ist das erledigt, und früher kommen die vielen Vögel nicht zurück, die zur Sommerzeit in Nordnorwegen brüten. Sonst könnten sie sich nämlich einfach nach Herzenslust an den auf Holzgestellen herumhängenden Fischen bedienen.

Neben Kabeljau werden auch Seelachs, Schellfisch und Leng zu Stockfisch („tørrfisk") getrocknet. Man nimmt die Fische aus, bindet sie jeweils zu zweit an den Schwanzflossen zusammen und hängt sie über Holzgerüste. Die Köpfe werden entfernt und auf separaten Gestellen getrocknet. Sie verarbeitet man heutzutage vielfach zu Fischmehl, auf den Lofoten-Inseln werden sie aber auch gekocht und verzehrt. Der Stockfisch ist ausgesprochen lange haltbar, ein Norweger erzählte uns von einem Freund, der den Verzehr eines 15 Jahre alten Exemplars unbeschadet überstanden hat. Dank dieser Eigenschaft diente Stockfisch schon den Wikingern als idealer Reiseproviant. Es konnte nämlich nachgewiesen werden, dass es Stockfisch in Norwegen mindestens seit dem 8. Jahrhundert gibt. Er galt als das Allerweltsessen schlechthin.

Weil man frischen Fisch nicht gut transportieren konnte – dazu verdarb er einfach zu schnell –, legte der Stockfisch in früheren Zeiten auch eine steile Karriere als Fastenspeise im europäischen Binnenland hin. Während der Fastenzeiten durfte ja kein Fleisch verzehrt werden, Stockfisch nahm man deshalb gerne als höchst willkommene Abwechslung. Besonders in den Mittelmeerländern, insbesondere in Italien, ist er bis heute sehr beliebt. Ein Großteil der norwegischen Produktion wird dorthin exportiert, und weil Kabeljau aufgrund der Überfischung rar und deutlich teurer geworden ist, gilt er auch schon lange nicht mehr als Armeleuteessen.

Im Gegensatz zum Stockfisch konserviert man „klippfisk" – Klippfisch – durch kräftiges Einsalzen. Anschließend breitet man ihn zum Trocknen auf den Klippen aus. Diese alternative Methode der Trockenfischherstellung ist besonders in der Gegend um Kristiansund verbreitet. Zur Zubereitung wässert man den Fisch fünf Tage lang an einem kühlen Ort, wobei das Wasser mehrfach gewechselt wird. Dann wird er wie frischer Fisch weiterverarbeitet. Man kann ihn aber auch im getrockneten Zustand verzehren, in Norwegen gibt es ihn als Knabberei im Chipsformat zu kaufen. Und zur Weihnachtszeit bereitet man aus dem Stockfisch das Festessen Lutefisk. Dazu wässert man den Trockenfisch in einer Lauge aus Birkenasche oder Ätznatron. Er nimmt dann eine schwabbelig-glibberige Konsistenz an und schmeckt ziemlich seifig. Die Leckerei wird mit Speck, Erbsenbrei sowie Kartoffeln verzehrt und mit reichlich Aquavit heruntergespült. Ich denke, letzteres ist dann auch dringend nötig.

Wo wir einmal beim Thema Alkohol sind: Alles, was ihn enthält, ist in Norwegen sehr teuer. Das liegt an der hohen Steuer, die eingeführt wurde, weil es in der Vergangenheit erhebliche Probleme mit Alkoholismus gab. Alle alkoholhaltigen Getränke mit Ausnahme von leichtem Bier werden ausschließlich in staatlichen Monopolläden zu festen Zeiten verkauft und nur in lizensierten Gaststätten ausgeschenkt. Mit Ausnahme der Gastronomie darf in der Öffentlichkeit kein Alkohol getrunken werden. Trotzdem gibt es eine typisch norwegische Alkoholspezialität: Linie Aquavit. Dieser Kümmelschnaps reift 19 Wochen lang in Sherryfässern aus Eichenholz. Das Besondere daran ist, dass er während dieser Zeit über die Meere geschippert wird und, ganz wichtig, dabei den Äquator kreuzen muss. Die ständige Schaukelei und die Temperaturschwankungen auf der langen Reise sollen für einen besonders milden und feinen Geschmack sorgen.

Nach Fisch und Aquavit tut sich in der klassischen norwegischen Küche zunächst eine klaffende Lücke auf. Getreide wächst nur spärlich, das hörten wir bereits. Hafer und Gerste, die häufigsten Arten, sind nicht gut zur Verarbeitung mit Hefe geeignet. So erfand man in Norwegen das Flatbrød, das wir im letzten Rezept kennengelernt haben. Die Ernährungslage besserte sich erst im 18. Jahrhundert, als die Kartoffel ihren Siegeszug antrat. Die wächst nämlich auch in einigen Landesteilen Norwegens. Aus Kartoffeln, Roggen und/oder Weizen backt man Lefser, das sind runde Fladenbrote, die zum Frühstück serviert werden. Gern werden Waffeln verspeist, besonders „goro", die es zu Weihnachten gibt, und Hochzeiten oder den Jahreswechsel feiert man mit dem aus Ringen geschichteten Marzipankuchen „kransekake". Beliebt ist das Puddingteilchen „skolebrød", das heißt „Schulbrot", denn es entstand in den Fünfzigerjahren des letzten Jahrhunderts als Wegzehrung für Schüler, weil man es so praktisch aus der Hand essen kann. Als Snack für Zwischendurch gibt es „svele", einen dünnen Eierkuchen.

Frisches Obst und Gemüse waren aufgrund der kurzen Wachstumsperiode stets ein rares Gut. Außer Kartoffeln, Steckrüben und Wurzelgemüse boten sich in erster Linie noch Beeren an. Himbeeren, schwarze Johannisbeeren und Erdbeeren werden in klimatisch geeigneten Gebieten angebaut. Die besten Erdbeeren gedeihen im Valldal nördlich des Geirangerfjords, aufgrund der langen Tageslichtzeit im nordischen Sommer ist die hier kultivierte alte Erdbeersorte besonders süß und aromatisch. Die Früchte reifen langsam und deutlich später als bei uns.

Wild wachsen Blaubeeren, Preiselbeeren, Schwarze Krähenbeeren und insbesondere die säuerlich-bitteren Moltebeeren. Sie gedeihen auf Mooren der borealen und polarnahen Klimazonen, können jedoch nicht gezüchtet werden. Weil sie aber äußerst reich an Vitaminen und Spurenelementen sind, stellten sie seit jeher für die Norweger eine wichtige Nahrungsergänzung dar. Man muss sie während der kurzen Reifezeit von Hand sammeln, dann werden sie zu Marmelade oder Gelee verarbeitet. Sie sind rar, begehrt und entsprechend teuer. Die

Nachfrage nach Moltebeeren ist in Norwegen deutlich größer als die Ausbeute der Beerenpflücker, deshalb werden jährlich rund 300 Tonnen aus Finnland importiert.

Jeder norwegische Bauer besaß in vergangenen Tagen mindestens eine Kuh, die Steillagen wurden von Ziegen und Schafen abgeweidet. Die Tiere liefern neben Milch auch Fleisch, ein Lieblingsgericht der Norweger sind die Kjøttkaker, Fleischbällchen in dunkler Sauce, die bei uns unter ihrem schwedischen Namen Köttbullar bekannter sind.

Als besondere Delikatesse gilt „fenalår", geräucherte und gepökelte Schafskeule, außerdem „smalahove", ein eingesalzener und geräucherter Schafskopf. Seine Herstellung stammt aus der Zeit, als alles Essbare vom Tier verwertet werden musste, er war ein typisches Gericht der armen Leute. Der Kopf wird ins Feuer gehalten, um die Wollreste abzusengen, dann wird er geteilt und vom Inhalt befreit. Anschließend wässert man ihn und legt ihn danach für mehrere Tage in Salz ein. Zum Schluss wird er noch geräuchert und ist dann monatelang haltbar. Vor dem Verzehr wird er drei Stunden lang gekocht, heute gilt er als Delikatesse und kommt an Festtagen auf den Tisch. Neben Rind-, Schweine-, Schaf- und Ziegenfleisch bereichern Elch und Rentier die Speisekarte, außerdem, wie schon erwähnt, auch Walfleisch.

Große Bedeutung haben darüber hinaus Milchprodukte wie Butter und Käse. Auch hier galt stets, Hauptsache, haltbar. Jarlsberg ist der typische Schnittkäse. Um ihn möglichst bequem vom Laib schneiden zu können, hat ein Tischlermeister aus Lillehammer 1925 den Käsehobel erfunden und sich das praktische Gerät patentieren lassen. Nyr ist ein Frischkäse, Pultost ein Streichkäse mit Kümmel, Himmeltind ein schmackhafter Ziegenkäse von den Lofoten-Inseln, der an Feta erinnert, aber milder schmeckt. Kraftkar heißt der Blauschimmelkäse aus der Gemeinde Tingvoll bei Kristiansund, bei den renommierten „World Cheese Awards“ gewann er im Dezember 2016 unter 3.021 verkosteten Sorten den Preis als bester Käse der Welt. 2018 gewann Fanaost den begehrten Preis, eine Art Gouda aus dem Dorf Fana südlich von Bergen, und 2023 der Nidelven Blå aus Gangstadhaugen am Breitstadfjord nördlich von Trondheim.

Neben diesen ausgezeichneten Käsen stechen aber noch zwei weitere norwegische Käsesorten hervor. Das ist zum einen der Gammelost, ein würziger Schimmelkäse, der schon seit der Wikingerzeit zubereitet wird. Er ist gelbbraun, äußerst fettarm und auch ohne Kühlung lange haltbar. Man macht ihn aus magerem Sauermilchquark. Mit Wasser verdünnte Sauermilch, die sogenannte „blande“, diente jahrhundertelang als Standardgetränk der Norweger.

Zum anderen präsentiert sich der Braunkäse „brunost“ als besonders exotischer Vertreter an Norwegens Käsetheke. Zu seiner Herstellung nimmt man Kuh-, Ziegen-, Schafsmilch oder eine Mischung davon und kocht das Ganze dann so lange unter Rühren ein, bis der Milchzucker karamellisiert. Der Käse ist braun und schmeckt süß, weshalb man ihn gerne in dünnen Scheiben mit Marmelade auf Flatbrød oder Lefser verzehrt. Es gibt ihn auch als Schmierkäse, dann heißt er „prim“ und wird in Tuben verkauft. Norweger lieben ihren braunen Käse, sie verzehren jährlich 12.000 Tonnen davon.

Die Geschichte, die mir in diesem Zusammenhang ein guter Freund erzählt hat, ist wahr: 2013 verunglückte ein LKW in einem norwegischen Tunnel und ging dabei in Flammen auf. Dummerweise war er vollgeladen mit Brunost, und weil der Käse äußerst fettreich ist, bot er den Flammen reichliche Nahrung. Die Löscharbeiten dauerten deshalb ganze vier Tage.

Nach allem, was wir nun über Norwegens kulinarische Seite erfahren haben, wundert man sich vielleicht über meine zu Anfang des Kapitels geäußerte Begeisterung. Doch den Norwegern gelingt es wirklich, hervorragende Gerichte auf den Tisch zu bringen. Besondere Experten sind sie in der Zubereitung von Fisch, da reicht ihnen so schnell keiner das Wasser. Im Höhenflug meiner Euphorie habe ich mich sogar dazu hinreißen lassen, Stockfisch zu probieren. Das war auf dem Hurtigrutenschiff, wo wirklich meisterliches Küchenpersonal tätig ist. An der Zubereitung wird es also nicht gelegen haben, doch beim Stockfisch bin ich an die Grenzen meiner geschmacklichen Toleranz gestoßen. Deshalb habe ich es mit Lutefisk erst gar nicht probiert.

Tørrfiskgryte – Stockfischtopf

Zutaten für 4 Personen:

250 g Stockfisch (gesäubert, ohne Haut und Gräten)
750 ml Sahne
8 Eier
50 g Paniermehl
50 g Mehl
100 g Butter (zimmerwarm)
Muskatnuss
Salz
Pfeffer
Butter und Paniermehl für die Auflaufform

Zubereitung:

Den Fisch in einer Schüssel mit Wasser bedecken, abdecken und 5 Tage lang in den Kühlschrank stellen, dabei täglich mindestens zweimal das Wasser wechseln.

Zur Zubereitung abtropfen und 10 Minuten lang in Salzwasser kochen. Danach noch einmal säubern und in sehr kleine Stücke schneiden. In eine Schüssel geben, die weiche Butter hinzugeben und mit den Händen um den Fisch verteilen. Mehl, Paniermehl, Salz, Pfeffer und etwas geriebene Muskatnuss hinzugeben und alles um den Fisch verteilen. Die Eier in Eiweiß und Eigelb trennen, die Eigelbe mit der Sahne verquirlen und unter die Fischmasse heben. Die Eiweiße mit einer Prise Salz sehr steif schlagen und zuletzt unter die Masse heben.

Eine Auflaufform gut mit Butter einfetten und diese mit Paniermehl bestreuen. Die Fischmasse hineinfüllen, den Backofen auf 160°C vorheizen und den Auflauf 45 Minuten lang backen. Zum Servieren auf eine Platte stürzen. Dazu passen grüner Salat und Salzkartoffeln.

Wer den Stockfisch scheut, kann auch frischen Kabeljau verwenden, in diesem Fall den ersten Absatz überspringen.

Mensch und Naturgewalt – vom Geirangerfjord zum Trollstigen

Gleich am zweiten Tag unserer Hurtigrutenfahrt erwartet uns ein Höhepunkt der Reise. Erst am Vorabend sind wir losgefahren, und noch gab es kaum die Zeit, sich einzufinden und mit der Nordnorge heimisch zu werden, unserem schwimmenden Untersatz für die nächsten zwölf Tage. Gegen Mittag haben wir Ålesund erreicht, die Jugendstilschönheit, die rund 240 Kilometer nordöstlich von Bergen an der Nordmeerküste liegt.

Ihren eleganten Belle-Époque-Charme verdankt die Stadt einem verheerenden Großfeuer, dem 1904 die gesamte Altstadt mit ihren 850 historischen Holzhäusern zum Opfer fiel. Und das angeblich nur, weil in einer kleinen Konservenfabrik auf der Insel Aspøya eine dusselige Kuh eine Petroleumlampe umgetreten hatte. Der stürmische Wind, ein Markenzeichen der Stadt, tat ein Übriges und verbreitete die Flammen sprichwörtlich in Windeseile.

In diesem Fall war es ein Deutscher, der sich als Retter in der Not hervortat: Kaiser Wilhelm II., seines Zeichens begeisterter Norwegen-Fan. Alljährlich begab sich seine Majestät mit der kaiserlichen Flottille auf Kreuzfahrt gen Norden, und weil zahlreiche Untertanen aus der Heimat seinen Fußspuren – oder besser seinem Kielwasser – folgten, gilt er als so etwas wie der Vater des Fjordtourismus.

Als seine kaiserliche Hoheit von dem Unglück der geliebten Urlaubsdestination Ålesund erfuhr, schickte er umgehend vier Schiffe der Reichsmarine zu Hilfe. Deren Besatzung versorgte die notleidende Bevölkerung mit Lebensmitteln, Kleidung sowie Medikamenten, baute Schutzbaracken und bot den Obdachlosen Notunterkünfte an Bord. Die Sofortmaßnahmen finanzierte der Kaiser aus seiner eigenen Tasche. Außerdem sorgte er dafür, dass der Wiederaufbau umgehend in Angriff genommen wurde, dieses Mal ausschließlich unter Verwendung von Stein. Denn eine derartige Katastrophe sollte sich nicht noch einmal wiederholen. Der Kaiser kümmerte sich um eine kräftige Finanzspritze aus den Kassen deutscher Reedereien, und dank seines Einsatzes erstand Ålesund binnen dreier Jahre wie Phoenix aus der Asche. Die Altstadt erstrahlt bis zum heutigen Tag als die pure in Stein gegossene Neoromantik.

Doch wir müssen uns mit einem Blick auf den Hafen von Ålesund begnügen. Die Nordnorge fährt weiter, für das Erklimmen der 418 Stufen, die auf Ålesunds Hausberg Aksla hinaufführen, bleibt keine Zeit. In diesen Berg haben Deutsche im Zweiten Weltkrieg ihre Bunker gegraben, doch zum Glück blieb Ålesund beim Abzug der Wehrmacht das Schicksal der weiter nördlich gelegenen Orte erspart. So konnte die Stadt ein positives Beispiel der deutsch-norwegischen Beziehungen vergangener Zeiten bleiben.

Nun verlassen wir die ursprüngliche Hurtigrutenstrecke und nehmen zunächst Kurs in Richtung Osten, um dann südwärts abzubiegen. Denn in den Sommermonaten zollen die Hurtigrutenschiffe ihren Reisegästen Tribut und unternehmen einen Abstecher in den Geirangerfjord. Nicht zu Unrecht ist er einer der berühmtesten Fjorde überhaupt, ein Superlativ der Superlative.

Diese Landschaft sei so schön, dass es in den Augen schmerze, schrieb Liv Ullmann, die norwegische Schauspielerin. Und tatsächlich verstummt man vor der großartigen Wildheit der Natur, während das Hurtigrutenschiff gemächlich seine Bahn durch die Fjorde zieht, die zum Geirangerfjord hinführen. Himmelhohe Felswände rahmen den immer schmaler werdenden Wasserweg, scheu und zwergenklein blicke ich empor, als seien sie die uneinnehmbaren Festungsmauern der Trutzburgen zorniger Giganten.

Wir stehen schweigend an Deck, während sich das Schiff unbeeindruckt von der zunehmenden Enge immer tiefer in die Schlucht hineinschiebt. Die eben noch so stolze Nordnorge erscheint jetzt ganz klein. Und in der fast unwirklichen Stille erklingt mit einem Mal ein Lied, mit großem Pathos vielstimmig gesungen. Es kommt von einer Gruppe französischer Passagiere, die einen Teilabschnitt mit dem Hurtigrutenschiff zurücklegen. Gut gelaunt haben sie sich auf dem Deck zum Chor zusammengefunden und feiern die monumentale Szenerie auf ihre Art.

„Siehst du dort den Fjordhof?“, fragt der Norweger, der schon seit einer Weile neben mir steht, und weist geradewegs nach oben. Nach skandinavischer Sitte verwendet er als Anrede das „Du“, obwohl wir uns gar nicht kennen. Jeder duzt sich in Norwegen, vom Obdachlosen bis zur Premierministerin, nur bei der königlichen Familie wird eine Ausnahme gemacht. Entsprechend nennt man sich beim Vornamen, mein Nachbar auf dem Deck der Nordnorge stellt sich als Harald vor.

Und wirklich. Ganz hoch am Berg erahne ich zwischen den Bäumen ein Gebäude. „Wer lebt denn dort oben?“, frage ich Harald ungläubig. „Fjordbauern“, antwortet er. „Schon seit sich die Gletscher am Ende der letzten Eiszeit zurückzogen, leben Menschen an den Hängen des Geirangerfjords“, fährt er fort.

Dann erzählt er mir, dass dank des Golfstroms das Fjordwasser selbst in den härtesten Wintern nicht gefriert. Aufgrund der geschützten Lage schmilzt der Schnee auf den Hochplateaus in der Frühlingssonne schon zeitig im Jahr. Weil der Boden an den Berghängen zudem wegen des dort abgelagerten eiszeitlichen Moränenmaterials recht fruchtbar ist, fanden Bergbauern ein passables Auskommen. Jahrhunderte-, ja, jahrtausendelang lebten die Familien in schwindelnder Höhe.

Entsprechend steil sind die Pfade, die hinaufführen, manche Höfe sind teilweise sogar nur über Leitern erreichbar. Über diese Leitern musste alles hinaufgeschafft werden, was man oben benötigte, vom Vieh bis zu den Mühlsteinen. Ketten sicherten Ziegen und Schafe vor dem Absturz, während diese auf den Bergwiesen grasten, und auch Menschen banden sich Sicherungsleinen um die Hüften, bevor sie sich in den Steillagen an die Ernte machten. Die gefährliche Arbeit lohnte sich allerdings, denn die saftigen Weiden lieferten üppiges Heu. An Seilwinden ließen die Bauern ihre Ernteüberschüsse hinab zum Fjord, wo das Heu dann mit Kähnen abtransportiert und an Viehzüchter in weniger ertragreichen Gebieten verkauft wurde.

Die Beschwernisse dieser außergewöhnlichen Lage brachten in jüngeren Zeiten auch gewisse Vorteile mit sich, weiß Harald. Denn sobald die staatlichen Steuereintreiber nahten, zogen die Bauern ihre Leitern kurzerhand empor. Da blieb den Beamten nichts anderes übrig, als ein dummes Gesicht zu ziehen. Doch schließlich konnte auch das nicht verhindern, dass die Höfe im Lauf des letzten Jahrhunderts nach und nach aufgegeben wurden. Zu verlockend ist die Bequemlichkeit der modernen Zeit. Eine Interessengemeinschaft kümmert sich heute um den Erhalt der kulturhistorisch bedeutenden Fjordhöfe, man kann sie über Wanderpfade erreichen.

So zum Beispiel den Skageflå-Hof, der in 250 Metern Höhe wie ein Adlerhorst über uns an den Felsen klebt und dessen Wiesen einst 125 Tiere ernährten. An seiner Hauswand ist die Ehrenplakette befestigt, mit der die UNESCO den Geirangerfjord 2005 als Weltnaturerbe auszeichnete. Königin Sonja hat es sich nicht nehmen lassen, den Hang zwecks Anbringung der Plakette zu Fuß zu erklimmen.

Schräg gegenüber liegt auf der anderen Fjordseite der Hof Knivsflå ebenfalls in 250 Metern Höhe, gleich neben den Sieben Schwestern. Diese, so erzählt Harald, seien einst schöne junge Frauen gewesen, und ein Riese habe jede einzelne um ihre Hand angehalten. Sie jedoch lehnten alle ab und verwandelten sich eine nach der anderen in Wasserfälle. Der unglückliche Riese auf der anderen Seite des Fjords tat es ihnen nach und stürzt nun als der breite Wasserfall Friaren – „Freier" – den Steilhang hinab, während die schlanken, 300 Meter hohen Fälle der Sieben Schwestern im Sommer auch schon mal zu Vieren zusammenschrumpfen. „Schau mal, der Freier hat die Form einer Flasche," fährt Harald fort und lacht. „Der wurde nämlich aus Frust zum Alkoholiker, als die Damen ihn abwiesen."

Während ich noch staunend an den Felswänden emporblicke, sind wir um die letzte Biegung des Fjords herumgefahren und steuern auf den kleinen Ort Geiranger zu. Hier liegen schon zwei große Kreuzfahrtschiffe, die uns an diesem Tag zuvorgekommen sind, und selbst sie schrumpfen zu Winzlingen im Schatten der wuchtigen Bergkegel, die sich eng um sie herumdrängen. Weil der Geirangerfjord ein Höhepunkt jeder Fjordfahrt ist, darf er natürlich auf keiner Passage fehlen. In der Tat gilt er vielen als die mit Abstand schönste Fjordlandschaft der Welt. Hier spürt der Mensch die Erhabenheit der Natur in all ihrer Pracht und Unbezwingbarkeit, angesichts derer er selbst so klein und unbedeutend ist.

Wir verabschieden uns vorläufig von Harald, denn in Geiranger verlassen wir die Nordnorge. Eine Busexkursion führt uns über die abenteuerliche Adlerstraße hinauf auf die Höhe. Diese Straße entstand 1954 und schenkte der kleinen Ortschaft Geiranger am Ende des Fjords, 100 Kilometer von der Küste entfernt, endlich eine zeitgemäße Verbindung zur Außenwelt. Zuvor gab es eine solche nur über unwegsame Gebirgspfade oder das Wasser.

Nach acht Kilometern und elf Serpentinen erreichen wir in 620 Metern Höhe die Aussichtsplattform, von der man einen sagenhaften Blick über den Fjord erlebt. Jählings fallen die Felsen in die Tiefe ab, wo die Ozeanriesen wie Spielzeuge im Waschtrog dümpeln. Langsam zieht die Nordnorge zwischen den senkrechten Wänden davon. Sie verlässt den Fjord und kehrt nach Ålesund zurück, um von dort ihren Weg gen Norden fortzusetzen. Wir werden sie erst am Abend in Molde wiedertreffen, vor uns liegt eine Fahrt durch die Landschaft des Valldal, Europas nördlichstes Obstanbaugebiet. Hier wachsen die köstlichen Erdbeeren, von denen wir im letzten Kapitel gehört haben, und unsere Reiseleiterin wird nicht müde, uns davon vorzuschwärmen. Überhaupt plappert sie während der Fahrt ununterbrochen und erschafft damit eine recht weltliche Untermalung zur überirdischen Schönheit der Natur. Fällt ihr gerade nichts Besseres ein, so weist sie uns hartnäckig auf die Trolle hin, die sie überall in den Felsformationen zu erkennen vermeint.

Vielleicht liegt das auch daran, dass wir durch die sonnigen Obstgärten Valldals zwischen immer wilder werdenden Gebirgszügen hinauf in Richtung Trollstigen fahren. Diese Passstraße verdankt ihren Namen schließlich den knorrigen Unholden der nordischen Mythologie, denn „Trollstigen“ bedeutet nichts anderes als „Trollleiter“.

Wahrhaftig verschlägt es mir fast den Atem, als ich von der Aussichtsterrasse auf dem Scheitelpunkt der Passstraße hinunter auf deren Nordtrasse blicke. In elf haarsträubend engen Spitzkehren windet sich die Straße auf kurzer Strecke über rund 400 Höhenmeter abwärts ins Tal. Dabei ist sie mitunter so schmal, dass zwei Autos nicht aneinander vorbeipassen. Trotzdem wird sie in beiden Richtungen befahren. Es gibt ein paar Ausweichmöglichkeiten, mit einem normalen Auto ist das zu schaffen. Wir aber werden diese Straße mit einem Reisebus befahren müssen. Ich hätte wohl besser die anderen Busse nicht beobachten sollen, die dort unterwegs sind. Sie zwängen sich durch die Haarnadelkurven, rangieren mühsam hin und her, und manchmal scheint es, als hinge ein Reifen bereits über dem Abgrund. Schon erwische ich mich dabei, wie ich einen kritischen Blick auf unsere Fahrerin werfe.

König Haakon VII. leitete den Bau dieser aberwitzigen Passstraße in die Wege. Als vom Volk legitimierter erster König des unabhängigen Norwegens sah er sich offenbar in der Pflicht, sein Reich mit visionären Neuerungen in die moderne Zeit zu führen. Deshalb begeisterte ihn nicht nur die zukunftsweisende neue Bergensbanen, sondern er setzte sich auch für eine Landverbindung zwischen dem fruchtbaren Valldal am Norddalsfjord und dem nördlich davon gelegenen Romdalsfjord ein. So kann man seit 1936 zumindest im Sommer den 180 Kilometer langen Wasserweg zwischen den beiden Fjorden auf nur rund 50 Straßenkilometer abkürzen.

Schaut man sich auf der Passhöhe um, kann man sich leicht vorstellen, was für eine Herausforderung der Bau des Trollstigen in diesem unwegsamen, fast senkrecht abfallenden Gelände darstellte. Durch Geröll und Felsbrocken führt der Weg nach unten, begleitet vom tosenden Wasserfall der 320 Meter hohen Sigfossen. Steinschlag und Felsstürze bereiten immer wieder Probleme, und im Winter führen Lawinen der in diesen Monaten gesperrten Straße schwere Schäden zu. Aber sie wird in Schuss gehalten. Denn jedes Jahr kommen mehr als eine halbe Million Touristen hierher, um die Abenteuerpiste hautnah zu erleben.

Während sich nun auch unser Bus an die Abfahrt begibt, beschließe ich, der Fahrerin zu vertrauen. Sie macht das ja nicht zum ersten Mal. Deshalb übe ich mich in Gelassenheit, auch als ich bemerke, wie nah wir in den Kehren dem Abgrund kommen. Wir sitzen nämlich ganz vorne, mit Logenblick in die schaurige Tiefe.

Vielleicht bin ich dann doch ein bisschen erleichtert, als wir endlich unten ankommen und noch einmal für ein Foto aussteigen. Fasziniert blicke ich zurück nach oben, wo sich nun andere durch die Kurven quälen, und werfe der Fahrerin einen respektvollen Blick zu.

Auf der Weiterfahrt nach Molde schwadroniert unsere Reiseleiterin wieder von Trollen. Warum führt in Norwegen kein Weg an diesen grässlichen Wichten vorbei? Warum bloß verehrt sie hier offensichtlich ein jeder mit hingebungsvoller Zuneigung?

Fårikål – Hammeleintopf

Zutaten für 4 Personen:

600 g Hammel- oder Lammfleisch
1 Kopf Weißkohl
50 g Mehl
50 g Butter
½ Bd. Petersilie
Salz
Pfeffer

Zubereitung:

Das Fleisch in mundgerechte Stücke schneiden. Den Kohl putzen und ebenfalls in Stücke zerteilen. Nun zunächst die fetteren Fleischstücke unten in den Topf legen und eine Schicht Weißkohl darüber ausbreiten. Salzen, pfeffern und etwas Mehl darüberstreuen. Jetzt wieder Fleisch darauflegen und so schichtweise immer weiterverfahren, bis alles verbraucht ist. Zuoberst eine Schicht Kohl auflegen und die Butter in Flöckchen darauf verteilen. 400 ml Wasser darübergießen, aufkochen und dann bei milder Hitze 2 Stunden lang köcheln lassen.

Die Petersilie fein hacken und vor dem Servieren darüberstreuen. Dazu Salzkartoffeln reichen.

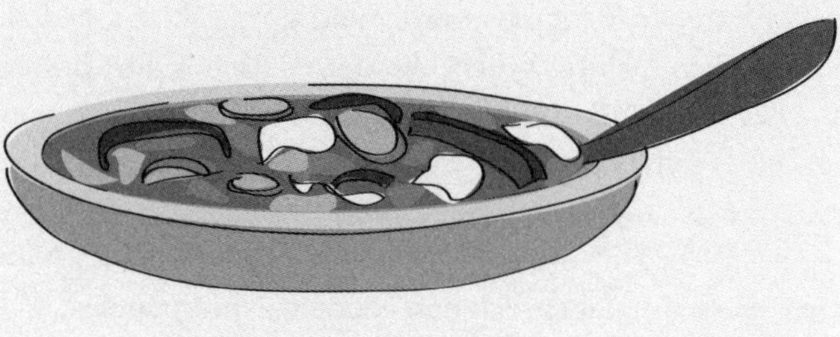

Reise nach Utgard – die Welt der Trolle

Vorzeiten lastete ein vieltausendjähriger Gletscher auf dem Land, der war so groß wie ein ganzer Kontinent. Wütend tobten Stürme und peitschten die Wogen des Eismeers gegen seine Flanken. Keines Menschen Fuß konnte je diese feindliche Welt betreten. Doch eines Tages brach die Sonne durch die Unwetterwolken, und ihre wärmenden Strahlen begannen zaghaft, sich über die frostigen Kristalle hinwegzutasten. Da begann das Eis zu tauen, und der Gletscher zog sich erschrocken zurück ins Landesinnere, das die Sonne bisher noch nicht gefunden hatte.

Wie staunten die Menschen, die weiter im Süden lebten, als der große Gletscher mit einem Mal Platz für eine wilde Felsküste am Ufer des Nordmeeres machte! Voller Neugierde zogen sie an der Küste nordwärts, und überwältigt sahen sie die herrlichen Gebirgswelten, die der Gletscher dort hinterließ. Dies, so beschlossen sie, sollte von nun an ihr Land sein, und weil es sich entlang der Eismeerküste als schmaler Saum immer weiter und weiter gen Norden wand, nannten sie es „Weg nach Norden", oder, wie es in ihrer Sprache hieß, „Norwegen". Sie selbst gaben sich den Namen „Nordmänner".

An den steinigen Küsten bauten die Nordmänner ihre Hütten aus Holz, das sie in den wilden Wäldern an den Hängen der hohen Berge schlugen. Sie fingen Fische und trieben ihr

Vieh auf die ufernahen Weiden. Und sie waren der festen Überzeugung, die Ersten zu sein, die dieses neue Land für sich einnahmen.

Da hatten sie sich aber gewaltig getäuscht. Denn auf den unwegsamen Gipfeln der Berge, in den steinigen Schluchten und finsteren Felsspalten hauste das Volk der Trolle. Ihr Reich hieß Utgard, eine von Menschen unberührte Welt. Wer sollte sich schon hinauf in das raue Gebirgsmeer wagen, wo grausige Stürme tobten und tückisches Geröll mit dem jähen Absturz ins Ungewisse drohte?

Doch die Zeit ließ die Menschen mutiger werden. Sie wollten endlich wissen, was ihrer im Gebirge harrte, und immer öfter drangen die Verwegensten unter ihnen dorthinauf vor. Solange das Tageslicht anhielt, konnte es zu keiner Begegnung kommen, denn Trolle sind Geschöpfe der Nacht. Sie erscheinen erst in der Dämmerung und verschwinden mit dem Morgengrauen. Gelingt ihnen das nicht zur rechten Zeit, so bersten sie, zerfließen am Boden oder erstarren zu Stein.

Es kam schließlich der Tag, da ein forscher Bergwanderer im späten Abendlicht zum ersten Mal einen Troll erspähte. Ziemlich klein, mit rundem Bauch, Buckel und langer Knollennase, behaart und zottig wankte dieser eilends davon und verdrückte sich hinter einem Gesteinsbrocken. Der Wanderer konnte eben noch erkennen, dass das recht menschenähnliche Wesen an Händen und Füßen jeweils nur vier Finger und vier Zehen besaß, und dass ein Kuhschwanz seinem wuchtigen Hinterteil zur zweifelhaften Zierde diente. Flugs eilte der Bursche heimwärts, wo die Nordmänner in der Hütte am wärmenden Feuer saßen und Trockenfisch kauten. Atemlos erstattete er ihnen Bericht, und so kam es, dass sich schon bald immer mehr Leute aufmachten, um einen Blick auf die mysteriösen Trolle zu erhaschen.

Allzu viel erfuhren sie nicht, denn das Utgard der Trolle bleibt meist von der Menschenwelt Midgard getrennt. Das Trollreich liegt im Schatten von Midgard, und beide Welten überstrahlt Asgard, das Götterreich der Asen, das über eine Regenbogenbrücke mit Midgard verbunden ist. Zwölf Asen leben dort oben in zwölf goldenen Himmelsschlössern, unter ihnen Thor und Freya sowie Götterchef Odin, in dessen Festsaal Walhall sich die menschlichen Helden nach ihrem Tode versammeln.

Doch welche Geheimnisse verbirgt Utgard, die Welt der Trolle? Die Nordmänner lernten schon bald, dass es riesenhaft große und manch kleinere, ja selbst winzige Trolle gibt. Dass alle Trolle steinalt werden, so alt, dass sie vergessen haben, wie viel Zeit vergangen ist. Oft schlafen sie jahrelang, und ruft einer dem anderen etwas zu, so mag ein Jahrhundert ins Land ziehen, bis er Antwort erhält.

Die Menschen erfuhren auch, dass der Mächtigste unter den Trollen Dovregubben heißt, und dass alle Trolle Gold in Hülle und Fülle besitzen. Dennoch sind sie nächtens unterwegs, um ihre Schätze zu mehren. Es gibt männliche und weibliche Trolle, und besonders den weiblichen kann eine teuflische Tücke innewohnen. Wirken sie zunächst wie plumpe, harmlose Wurzelweiber, die mit ihren langen Knubbelnasen im Suppentopf rühren, so können sie doch unversehens ihr Äußeres ändern und sich in bildschöne Huldrenen verwandeln. Als solche lauern sie Jägern oder Hirten auf und locken die Männer ins Innere der Berge, aus dem kein Mensch jemals mehr entfliehen kann. Einzig ihren Kuhschwanz können die Huldrenen nicht verstecken, weshalb ein jeder Mann lernte, bei der Begegnung mit einer verführerischen Frau heimlich einen prüfenden Blick hinter sie zu werfen. Ihren Schwanz verliert die Huldrene erst dann, wenn ein Menschenmann sie zur Frau nimmt, jedoch wird ihm die Ehe mit dem Schattenwesen niemals gut bekommen. Auch junge Menschenfrauen sind vor Trollen nicht gefeit, genau wie die Männer werden sie gelegentlich in die unheimliche Tiefe der Berge entführt.

Der düstere, einäugige Waldtroll hat Haar aus Gräsern, Moos und Flechten, er stützt sich auf die Fichten im finsteren Wald, während der Mond ihm als Auge dient. Damit späht er forschenden Blickes durchs Dickicht. Der wütende Bergtroll ist ein fünfköpfiger Unhold, der verirrte Menschen mit Gesteinsbrocken bewirft. Der heimtückische Nøkk lebt als Wassergeist, der jeden, dessen er habhaft wird, hinab in die Tiefe zieht. Genau wie Draugr, der untote Dämon, besiedelt auch er die nächtliche Schattenwelt.

Kurzum, die Bewohner von Utgard sind alles andere als freundliche Wesen. Doch sind Trolle auch ein bisschen vertrottelt, übermütige Bauernjungen spielen ihnen gern so manchen Lausbubenstreich. Dann kommt es vor, dass die Trolle sich ärgern, Rache nehmen und dem Vieh Krankheit und Tod an den Hals hexen. Deshalb tut man besser daran, sich mit den Trollen gut zu stellen. Macht man sich einen Troll gewogen, so schützt er als Nisser Haus, Hof und alle, die dort leben. Zu Weihnachten wird ihm ein Tellerchen heiße Rømmegrøt-Grütze in Stall oder Scheune gestellt. Zum Dank bringt er seinen Menschen am Heiligabend („julaften“) kleine Geschenke dar.

So haben sich die Nordmänner im Lauf der Jahrtausende allmählich mit den Trollen arrangiert. Inzwischen wohnt in jedem guten norwegischen Haushalt ein Troll und schützt die Bewohner. Damit das auch jedermann sieht, stellt man kleine Trollfiguren auf. Und diesen Trollfiguren kann sich keiner entziehen, der Norwegen besucht. Sie sind allgegenwärtig, füllen zu hunderten die Regale der Souvenirshops, stehen vor Läden und Restaurants, am Straßenrand oder mitten im Wald. Sie erscheinen in Peer Gynts mystischer Traumwelt, tummeln sich in Märchen, Romanen und Kinderbüchern. Sie spiegeln sich auch in der norwegischen Sprache: Steht das Wort „troll" für einen Unhold, bedeutet „trollet" so viel wie boshaft, „trolle" hingegen heißt zaubern, „trolldom" Zauberei und spätestens beim Wort „trolsk" fällt alles Böse ab, denn das heißt zauberhaft.

Vor der Passfahrt des Trollstigen stehen die weltweit einzigen Verkehrsschilder, die Verkehrsteilnehmer vor Trollen warnen. Die Route gilt als eine der gefährlichsten der Welt, und sollte hier etwas schiefgehen, dann trägt die Schuld mit Sicherheit ein wildgewordener Troll. Legt man aber vor der Fahrt einen weiteren Stein auf die überall anzutreffenden Steinmännchen, so soll das Schutz vor den Trollen gewährleisten.

Außer beim Trollstigen findet man die mythischen Wichte auch anderswo im Ortsnamen, so im mittelnorwegischen Gebirge Trollheimen oder im Trollfjord auf den Lofoten-Inseln, in dessen nur 100 Meter enge Schlucht sich die Hurtigrutenschiffe zwängen. Am Ende des Fjords drehen sie auf engstem Raum, ein Spektakel für die Reisenden. Bestimmt verstecken sich Trolle zwischen den Felsen, sehen hämisch dabei zu und hoffen, dass es einmal schiefgehen wird. Denn die Trolle sind allgegenwärtig in Norwegens ungezähmter Natur. Sie hausen in unberührten Wäldern und den endlos weiten Bergketten des Nordens. Dort, wo die Zeit fernab der modernen Menschenwelt im ewigen Rhythmus der Natur gemächlich ihre Kreise zieht.

Sie beobachten uns verstohlen von den Berghängen, aus Erdlöchern, im Schutz dicker Steine und aus dem Unterholz der Wälder. Ihre glänzenden Augen blitzen verräterisch zwischen mächtigen Baumstämmen auf, hinter den Felsbrocken lugt manch zausiger Kopf hervor. Sie kommen bei Nacht und treiben abscheulichen Schabernack. Hüte sich, wer dann noch draußen ist! Und wer im Dämmerlicht ein betörend schönes Menschenwesen trifft, der soll tunlichst prüfen, ob es nicht hinter seinem Rücken einen Kuhschwanz zu verbergen versucht!

Rømmegrøt – eine Grütze aus Sauerrahm

Zutaten für 4 Personen:

600 g Sauerrahm („Seterrømme“, Crème fraîche)
500 ml Milch
250 g Mehl
Zucker
Zimt
Salz

Zubereitung:

Den Sauerrahm in einen Topf geben, unter Rühren aufkochen, dann die Hitze reduzieren und 5 Minuten bei geringer Temperatur köcheln lassen. Dabei ständig vorsichtig rühren. Fett, das sich oben absetzt, während der Zubereitung immer wieder abschöpfen und aufbewahren.

Nun nach und nach unter weiterem Rühren das Mehl durch ein feines Sieb einstreuen, sodass sich keine Klumpen bilden. Danach rasch die Milch einrühren, leicht salzen und das Ganze aufkochen lassen. Ein paar Minuten bei niedriger Temperatur köcheln lassen, dabei weiterhin stets das Fett abschöpfen.

Man serviert Rømmegrøt mit Zucker, Zimt und dem abgeschöpften Fett. Dazu gibt es geräucherten Schinken, Kompott oder frische Beeren (am besten natürlich Erdbeeren aus Valldal) und als Getränk Himbeersaft.

Zu Weihnachten stellt man einen Teller Rømmegrøt für den Nisser, den Schutztroll des Hofs, in den Stall und hofft, dass er sich mit ein paar Geschenken dafür revanchiert. Die Gabe dient als Dank für den Schutz, den der Nisser das Jahr hindurch gewährt hat. Ihn an Heiligabend zu vergessen, zöge fatale Folgen nach sich.

Glatzköpfe und Magier – auf dem Schiff zwischen Trondheim und Brønnøysund

Der dritte Tag unserer Hurtigrutenreise ist ein Glückstag. Die Sonne strahlt so hell, dass es fast irreal wirkt. In ihrem gleißenden Licht leuchten die Farben der Natur, als habe sie ein verliebter Maler frisch auf die Leinwand gebracht. Nach einem sommerlichen Vormittag in Trondheim mit seinem Nidarosdom, der alten Krönungskirche norwegischer Könige, zieht die Nordnorge ihre Bahn durch den Trondheimfjord. Erinnerten mich eben noch dessen sanfte, bewaldete Hügel an meine bergische Heimat, so ändert sich die Landschaft zusehends, je weiter wir nordwärts kommen. Die sattgrünen Kuppen weichen mehr und mehr düsterem Tann, ein Zeichen, dass wir allmählich die Klimazone der Taiga mit ihren borealen Nadelwäldern erreichen.

Durch eine weite Bucht geht es vorbei an einem ungewöhnlichen Leuchtturm. Wie die einsame rote Feste eines Wasserfürsten ragt Kjeungskjær Fyr mitten aus dem Meeresblau, das sich spiegelnd glatt und endlos wie ein samtig-leichter Teppich um ihn schließt. So wundersam, wie Jim Knopfs Herr Turtur fremd und riesig aus der Wüste ragt, so erscheint auch Kjeungskjær Fyr gleich einem Traumgebilde in den unwirklichen Fluten. Und ganz so, als bewache der rote Turm tatsächlich die Eingangspforte zu einer magischen Anderswelt, ändert sich nun die Landschaft vollkommen. Wuchtige graue Felskegel ragen aus dem stahlblauen Meer, rund und glänzend wie die knubbeligen Schädeldecken glatzköpfiger Trolle. In dichten Reihen haben sie sich aufgestellt, als bevölkere den Untergrund eine ganze Armee von Trollen, die bis hinein ins blasse Blau der Ferne herrscht. Vorn an der Küste zieren sie sich mancherorts mit einem frühlingsgrünen Band. Hier und da ist eine Gruppe norwegerroter Häuschen, ein weißer Hof oder ein Kirchlein dort hineingestreut, wie schillernder Juwelenschmuck an Stirnbändern der Glatzentrolle.

Fasziniert betrachte ich diese ganz fremdartige Welt. Nicht nur an Land herrschen die kahlen Köpfe, auch unter Wasser scheint die Trollarmee sich weiter aufzureihen. Denn überall ragen blanke Schären aus dem wundersamen Blau. Es ist ein surrealer Garten aus tausenden und abertausenden von Trollschädeln, abwechselnd flirrt das Bild in grellem Blau und Silbergrau. Doch unbeeindruckt zieht das Hurtigrutenschiff seine Bahn durch die Wunderwelt hindurch, mit seinem Weg vertraut wie ein altes Kutschpferd und nicht minder unbeeindruckt von der altbekannten Szenerie. Und schrumpft das Fahrwasser zwischen den Buckelfelsen auch zu dem allerschmalsten Streifen, so manövriert sich die Nordnorge dennoch unbeirrt immer weiter voran.

Wir können uns kaum sattsehen und harren stundenlang an der Reling aus, da begegnet uns Nina. Die hübsche blonde Enddreißigerin steht neben uns auf dem Deck, zwei Norwegerfähnchen in den Händen, und späht sichtlich nervös in Richtung Festland. Sie wippt von einem Fuß auf den anderen, beißt sich auf die Unterlippe, legt die Stirn besorgt in Falten. Nina, was ist los?

Da endlich sehen wir den Grund ihrer Aufregung. Aus der Ferne naht vom Festland ein kleines Motorboot, drei winzige

Gestalten sind darauf zu erahnen. Wie losgelassen bricht Nina aus ihrer Anspannung, schwenkt wild mit ihren Fähnchen, ruft und schreit und lacht und weint. Und von dem kleinen Motorboot hallt es wider, Norwegerfähnchen wirbeln durch die Luft, entfernte Rufe verhallen über dem Meer. Nur einen Augenblick lang währt die ganze Szene, denn wie aufgezogen drängt die Nordnorge weiter voran, fort und fort. Kaum nahte das Bötchen, wird es auch schon wieder kleiner, dümpelt wie eine Nussschale zurück gen Horizont, während das Postschiff uns stampfend vorwärts trägt. Nina ist nach achtern gelaufen, um so lange wie möglich hinterherzublicken. Dort steht sie nun und wischt sich Tränen aus den Augen. Was ist geschehen?

Halb lachend, halb weinend erzählt sie uns ihre Geschichte. Sie stammt aus Nesvalen, einem verträumten Fischerdorf an der Nordmeerküste. Es ist ein Norwegerort wie aus dem Bilderbuch, mit roten Holzhäuschen zwischen Wiesen und Felsen vor dem eisblauen Meer. Doch in der idyllischen Einsamkeit von Nesvalen ist gute Arbeit dünn gesät. Nina kommt aus dem Hotelfach, über Jahre hinweg hat sie eine kleine Ferienhaussiedlung geleitet, die bei Hobbyanglern aus ganz Europa beliebt ist. Ihre Arbeitszeit ging oft bis in den Abend, für die Familie blieb da nicht besonders viel Zeit.

Darum hat sie sich jetzt entschieden, einen Job auf dem Hurtigrutenschiff anzunehmen. Die Fahrt mit der Nordnorge nach Kirkenes und zurück ist ihre allererste Tour und gleichzeitig die Probezeit, danach wird sie zu einem anderen Schiff überwechseln. Und die drei Menschen in dem kleinen Motorboot, das sind ihr Mann und ihre beiden Jungs, sechs und acht Jahre alt. Die drei haben Nina erst heute früh nach Trondheim gebracht, wo sie an Bord der Nordnorge gegangen ist. Nun werden sie sich tagelang nicht sehen, so lange, bis das Schiff auf seinem Rückweg wieder in Trondheim sein wird.

Bewegt habe ich zugehört. Wie gut ich ihre Sehnsucht nach der Familie verstehen kann! Doch sie winkt beschwichtigend ab. Beim alten Job ist sie oft so spät heimgekommen, dass die Kinder dann schon im Bett gewesen sind. Wenn sie nach der Probezeit in den üblichen Rhythmus des Hurtigrutenpersonals eintritt, dann wird sie 22 Tage lang auf See sein, zweimal die ganze Tour bis Kirkenes und wieder zurück. Im Anschluss hat sie aber 22 Tage frei, viel Zeit für die Familie. Die Trennung ist zwar hart, aber sie denkt, dass es trotzdem besser als zuvor sein wird. Und außerdem nimmt sie demnächst den Posten der Restaurantchefin ein, das Gehalt ist nicht zu verachten. Deshalb blickt Nina optimistisch in die Zukunft, und nach einem kurzen Moment der Sentimentalität kehrt auch ihre ansteckend gute Laune wieder zurück.

Kein Wunder, denn die Stimmung unter der Besatzung ist spürbar gut. Und das, obwohl das Arbeitspensum wirklich hoch ist. Denn das Restaurantpersonal ist auch für die Reinigung der Kabinen und etliche andere Aufgaben zuständig. Zeit für Muße bleibt da kaum. Wenn sie sich ein paar Minuten abknapsen können, dann kommen manche auf eine Zigarettenlänge an Deck. Die windgeschützte Ecke, in der sie sich treffen, haben auch wir zu unserem Stammplatz auserkoren. Wir bleiben eisenhart draußen, selbst als am nächsten Tag das Wetter umschlägt und die Gipfel sich in Nebelschwaden hüllen, die tief bis an die Ufer hinablasten. Es wird regnen, und es wird stürmen, doch wir lassen uns nicht unterkriegen. In dicker Outdoorkleidung, mit Skiwäsche, Wollpullover, Stirnband, Schal und Handschuhen, fest eingehüllt in flauschige Decken, lässt es sich ertragen. Dabei haben wir Juli, es ist ein wirklich polarfrischer Sommer. Zwei Tage später wird sich das Wetter erneut ändern, und meine Enttäuschung darüber, die vom Wolkengrau verschlungenen Küsten nicht zu sehen, verfliegt unter dem klaren Himmel des Rückwegs. Denn wir kommen ja überall ein zweites Mal vorbei.

In unserer Ecke jedenfalls trifft sich immer wieder das Personal, sie plaudern und scherzen und sind ganz offensichtlich stets bester Stimmung. Sie seien wie eine große Familie, schwärmt Nina, jeder unterstütze die anderen so gut er könne. Konkurrenzdenken, Streitereien oder gar Mobbing sind ihnen gänzlich fremd. Fast scheint es mir zu schön, um wahr zu sein.

Genau wie dieser dritte Tag unserer Reise mit dem Postschiff. Er ist von so betörendem Zauber, dass ich wünschte, er würde niemals enden. Und warum sollte er auch? Die glänzenden Farben des nordischen Sommers weichen allmählich den bezaubernden Pastelltönen eines nie endenden Abends. Die zarten Federwölkchen färben sich im flammenden Rot des Sonnenuntergangs, und nächtliche Stille legt sich über eine träumende Welt. Die Stimmung ist elysisch, und sie währt scheinbar ewiglich. Denn wir nähern uns dem Polarkreis, dort, wo die Sommersonne niemals untergeht, und auch in seinen südlichen Gefilden sinkt sie kaum unter den Horizont. Sie beschenkt uns mit dem Glühen eines Sonnenuntergangs, der die ganze Nacht anhält. Wer würde sich da zum Schlafen in die Kabine zurückziehen wollen?

Deshalb stehen wir auch gegen Mitternacht noch an Deck. Harald hat sich zu uns gesellt, während wir uns dem geheimnisumwobenen Berg Torghatten nähern. Die Landschaft ist wilder geworden, bizarre Gipfel modellieren den Horizont zu einer großartigen Kulisse, die mich an die fremdartigen Fantasy-Welten eines Herrn der Ringe denken lässt. Als wolle er meine Gedanken bestätigen, öffnet sich der Torghatten wie Saurons brennendes Auge vor dem rotglühenden Firmament.

Dieser Torghatten ist nicht irgendein Berg. Er ist der Magier unter den Bergen. Denn der Torghatten hat ein Loch.

„Weißt du, wie es dazu gekommen ist?“, fragt Harald schmunzelnd. Als ich verneinend den Kopf schüttle, fährt er fort. „Wieder hat es etwas mit sieben Schwestern zu tun, doch dieses Mal sind es andere sieben. Sie waren die bildschönen Töchter des mächtigen Königs Sulitjelmakongen, aber leider auch ungestüme Wildfänge. Deshalb schickte der König sie zur ehrbaren Jungfrau Lekamøya, auf dass sie ein bisschen gesellschaftlichen Schliff bekommen sollten. An der anderen Seite des Fjords lebte Hestmannen, der nicht minder wilde Sohn eines anderen Königs. Der erblickte eines Tages Lekamøya und entbrannte in Liebe zu ihr. Sie aber ergriff die Flucht, während die sieben Königstöchter zurückblieben und Hestmannen ermutigend zulächelten. Sie fanden nämlich Gefallen an dem jungen Burschen. Der jedoch hatte nur Augen für Lekamøya und jagte der Fliehenden hinterher. Weil sie sich aber immer schneller entfernte, schoss er schließlich einen Pfeil auf die Ärmste. Das sah König Sulitjelmakongen und warf seinen Hut in die Bahn des Pfeils, um Lekamøya zu retten. Der Pfeil durchlöcherte den Hut, der zu Boden fiel, und weil inzwischen die Sonne aufging, verwandelten sich Jäger und Gejagte, Hut und sieben Königstöchter allesamt in Stein. Die sieben Schwestern ragen nun als Gebirge empor, Lekamøya und Hestmannen erstarrten zu zwei Bergen auf weit voneinander entfernten Inseln. Sulitjelmakongens Hut aber versteinerte zum Torghatten. Jetzt weißt du, warum er durchlöchert ist!“

Ungläubig bestaune ich den Berg mit seinem unheimlich glotzenden Loch. Die Nordnorge ist extra eine Schleife gefahren, damit wir es in all seiner Pracht bestaunen können. Doch nun wendet sie sich ab, und weiter geht es Richtung Norden. Wie Silber glitzert das Meer in der Sommernacht, wie ein bemaltes Seidentuch liegt der abendrote Himmel über uns. Und wie nächtliche Edelsteine funkeln die Häuser von Brønnøysund, der bildschönen Stadt, die genau in der Mitte von Norwegen liegt. Als sei sie geradewegs einem Märchen entsprungen, begrüßt sie uns in stiller Würde und geheimnisvoller Anmut.

Die ganze Stimmung dieser Nacht ist so fantastisch, dass ich fast gewillt bin, an Haralds Geschichte zu glauben. Ich weiß natürlich, dass die Wirklichkeit so viel profaner ist. Im Lauf vieler Jahrtausende hat die Meeresbrandung im Torghatten ein 160 Meter breites und 35 Meter hohes Loch ausgespült. Das könnte ich mir gut vorstellen, läge das Loch nicht so hoch oben am Berg. Wie aber konnte das Meer es in mehr als 100 Metern Höhe über seinem Spiegel aus dem Fels auswaschen? Höchste Zeit, einen Blick auf Norwegens Geologie zu werfen!

Kvæfjordkake – eine norwegische Baisertorte

Zutaten:

150 g Butter (zimmerwarm)
300 g Zucker
150 g Mehl
1 Tl Backpulver
5 Eier
3 Eigelbe

200 ml Milch
200 ml Sahne
1 Vanilleschote
100 g Mandelblättchen
20 g Speisestärke
Salz

Zubereitung:

Eigelb und Eiweiß der 5 Eier trennen. Die Butter und 100 g Zucker mit dem Mixer schaumig aufschlagen. Die 5 Eigelbe, das Mehl, Backpulver, 1 Prise Salz sowie 4 El der Milch hinzugeben und alles gut miteinander verquirlen.

Ein Backblech mit Backpapier auslegen und den Teig darauf verteilen. Die Eiweiße mit einer guten Prise Salz sehr steif schlagen und dabei nach und nach 150 g Zucker zugeben. Anschließend über dem Teig verteilen und mit den Mandelblättchen bestreuen. Den Backofen auf 180°C vorheizen und den Kuchen darin ca. 30 Minuten backen, bis das Baiser leicht zu bräunen beginnt. Herausnehmen und vollständig abkühlen lassen.

Die 3 Eigelbe mit dem restlichen Zucker und der Speisestärke verquirlen. Die Milch und 50 ml Sahne in einen Topf geben, die Vanilleschote aufschneiden, das Mark auskratzen und mit der Schote in den Topf geben. Sehr langsam erhitzen, bis die Milch-Sahnemischung kurz aufkocht, dann sofort vom Herd nehmen, die Vanilleschote entfernen und die Eigelbmischung mit dem Schneebesen rasch einrühren.

Zurück auf den Herd stellen und unter ständigem Rühren erneut erhitzen, bis die Masse eindickt. Nicht anbrennen lassen. Vom Herd nehmen und vollständig erkalten lassen. Die restliche Sahne steif schlagen und unter die kalte Vanillecreme heben. Den Kuchen in der Mitte in zwei Teile schneiden, eines davon auf eine Platte legen und das Baiser mit der Vanillecreme bestreichen. Die zweite Kuchenhälfte mit der Baiserseite nach oben darauflegen. Wer es knuspriger mag, dreht die Baiserseite der ersten Kuchenhälfte nach unten.

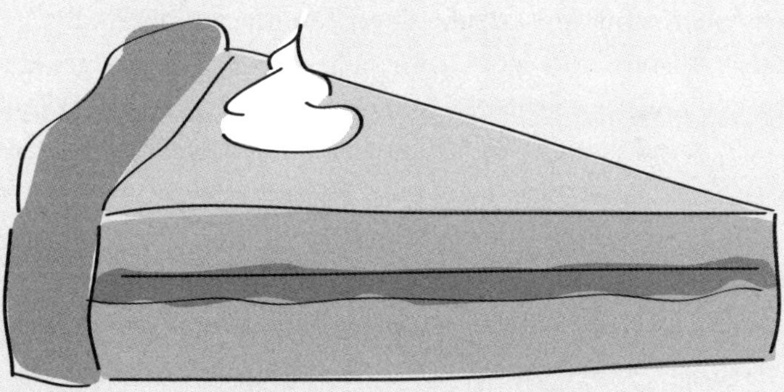

Ein Kontinent auf großer Fahrt – die Gestaltung von Norwegen

Begeben wir uns auf eine Reise. Diese Reise wird von solch ungeheuerlichen Dimensionen sein, dass die Fahrt mit dem Hurtigrutenschiff dagegen wie ein bescheidener Tretbootausflug wirkt. Denn unsere Reise wird uns um den halben Globus herumführen. Und unser Schiff heißt nicht Nordnorge, unser Schiff ist ein ganzer Kontinent!

Dieser Kontinent trägt zunächst den Namen Rodinia. Wir beginnen unsere große Fahrt vor rund einer Milliarde Jahren. Scheinbar ruhig und friedlich liegt Rodinia auf der Südhalbkugel unserer Erde. Es ist ein riesiger Kontinent, der gerade erst dem Wasser entstiegen ist. Dieses Wasser umschließt ihn als ein gewaltiger Ozean. Rodinia ist einsam, weder Pflanzen noch Tiere haben bisher das Land für sich erobert.

Dennoch trügt die vermeintliche Ruhe. Denn tief im Untergrund von Rodinia rumort es, die Kräfte des Erdinneren brodeln, grollen und trachten nach Entladung. Ihr wütendes Pressen türmt riesige Gebirge auf, doch diese schaffen nur wenig Erleichterung. Viele Millionen Jahre vergehen, während der Druck in der Tiefe immer mehr steigt.

Da brechen schließlich Magmaströme unvorstellbaren Ausmaßes hervor und lassen Rodinia in zwei Teile zerbersten, die später noch weiter auseinanderbrechen werden. Einer der kleineren Kontinentteile heißt Baltica. Er driftet auf seinem heißen, zähflüssigen Untergrund jetzt langsam in Richtung Norden davon. Dabei kollidiert er mit Laurentia, einem anderen Erdteil, der sich vom Urkontinent Rodinia abgespalten hat und aus dem später einmal Nordamerika werden soll. Das Zusammenstoßen der beiden Giganten vor rund 400 Millionen Jahren führt zur Auffaltung eines wuchtigen Gebirges an der Westseite von Baltica.

Vor etwa 300 Millionen Jahren ist Baltica auf seinem Weg nach Norden über den Äquator gezogen. Wie hat sich sein Antlitz verändert! Wo einst wüste Einöde herrschte, gedeihen nun üppige Urwälder. Denn inzwischen ist das Leben an Land gestiegen, voller Pracht und Fruchtbarkeit erobert es den wandernden Kontinent. Auf sumpfigem Boden wachsen gigantische Bärlappgewächse, Schachtelhalme und Baumfarne, dazwischen krabbeln meterlange Tausendfüßler, schwirren Libellen mit Flügelspannweiten von mehr als einem halben Meter. Der Sauerstoffgehalt in der Atmosphäre ist nämlich binnen kurzer Zeit enorm gestiegen und lässt alles Lebendige riesenhafte Ausmaße annehmen.

Doch auch jetzt soll keine Ruhe einkehren. Die Kräfte im Erdinneren wüten noch immer. Und an der Erdoberfläche ebnet die Erosion Balticas wilde Bergwelt ganz allmählich wieder ein. In den Tälern sammeln sich die Sedimente und bilden dort neues Gestein.

Da plötzlich bricht ein Stück der spannungsgeladenen Erdkruste auf, ein Teil davon wird abwärts gedrückt und reißt Baltica mit sich. Mitsamt all seinen Bewohnern versinkt es im Meer. 100 Millionen Jahre wird es unter der Wasseroberfläche bleiben. Aber auch dort unten setzt es seinen Weg nach Norden unbeirrt fort.

Als es schließlich wieder aus den Fluten hervortaucht, hat es eine angenehm milde Klimazone erreicht. Dichte Laubwälder werden nun bald sein Gesicht bedecken, Ulmen, Erlen und Buchen wachsen dicht an dicht. Die Reste dieser Wälder mutieren später zu mächtigen Steinkohleflözen, die wiederum noch sehr viel später, nämlich um das Jahr 1900 herum, von Menschen auf Spitzbergen entdeckt werden. Diese zu Norwegen gehörende Inselgruppe liegt hoch oben im Nordpolarmeer, nur rund 1.000 Kilometer vom Nordpol entfernt.

Doch kehren wir noch einmal auf unser kontinentales Schiff namens Baltica zurück. Denn dessen Reise gen Norden geht noch immer unaufhaltsam weiter. Vor 65 Millionen Jahren ist Baltica so weit vorangekommen, dass es sich nur noch lächerliche 150 Kilometer von Grönland entfernt befindet.

Dann aber passiert etwas Ungeheuerliches. Die tobenden Kräfte des Erdinneren reißen eine riesige Spalte auf, das Flachmeer, das Baltica bis dahin umspülte, stürzt in einen Tiefseegraben von gigantischen Ausmaßen. Es ist zum atlantischen Ozean geworden.

Die dramatische Verwandlung des Untergrunds wirft auf Balticas Westseite neue Gebirgsriesen auf. Außerdem hat sie zu vielen kleineren Rissen im Meeresboden geführt, die sich jetzt mit dem Plankton füllen, das im warmen Atlantikwasser massenhaft gedeiht.

Mit der Zeit verschließen Sedimente diese Risse, und die rastlosen Kräfte der Erdkruste machen sich an dem eingeschlossenen Plankton zu schaffen. Enorme Hitze und gewaltiger Druck verwandeln es im Lauf etlicher Millionen Jahre in Erdöl, die Grundlage des heutigen Wohlstands von Norwegen.

Die Zusammenstöße und Abbrüche in den Milliarden Jahren unserer 12.000 Kilometer langen Reise haben ihre Spuren hinterlassen. Sie haben den Atlantik erschaffen und zur Auffaltung hoher Gebirge geführt. Doch das charakteristische Bild, das Norwegen uns heute zeigt, ist erst in allerjüngster

Zeit entstanden, genauer gesagt, in den letzten zwei Millionen Jahren. Denn in dieser Epoche riss das Eis die Herrschaft an sich.

Wie viele Eiszeiten es insgesamt gegeben hat, darüber streiten sich die Gelehrten. Fest steht nur, dass die Vergletscherung vor rund 300.000 Jahren ihren Höhepunkt erreichte. Die Eisschicht, die ganz Skandinavien unter sich begrub, besaß eine Dicke von mehr als drei Kilometern. Man kann sich vorstellen, mit welch enormem Gewicht der Eispanzer auf dem Land lastete. Unter dieser fürchterlichen Bürde begann es, langsam abwärts zu sinken.

In den Warmzeiten, die zwischen den langen Frostperioden für freundlicheres Wetter sorgten, taute das Eis, das Land wurde von seiner Last befreit. Da begann sich der Boden wieder zu heben, während die Massen des Tauwassers in Richtung Meer abflossen und dabei tiefe Kerben ins Land hineinschnitten. Doch die Kälte kehrte unbarmherzig zurück, in den Kerbtälern wuchsen die Gletscher, und wieder pressten sie das Land nach unten.

Und nicht nur das, denn Gletscher haben ihre eigene Dynamik. Der Druck ihres eigenen Gewichts zwingt sie dazu, auseinanderzufließen, und wo es möglich ist, da folgen sie der Schwerkraft und strömen hangabwärts.

Während sie sich dabei langsam über das Land wälzen, schleifen und schrammen sie in jeder Eiszeit aufs Neue am Gestein des Untergrunds entlang. Sie glätten die Felsen, brechen Stücke heraus und zermahlen diese unterwegs zu immer feinerem Material. Sie scharren immer tiefere Rillen in den Boden und formen das Land zwischen den Bergen zu u-förmigen Trogtälern. Türmen sich in der Gletscherbahn hohe Felskuppen auf, die sich nicht umfließen lassen, so wälzt sich das Eis darüber hinweg. Auf der ihm zugewandten Seite schleift es die Felsen zu einer flachen Schräge ab. Die wegwärts gerichtete Felsseite hingegen wird steiler geformt, weil das Eis schneller über sie hinweggleiten kann. Zurück bleiben glattgeschliffene Rundhöcker wie die Armee aus Trollschädeln, die ich vom Deck der Nordnorge aus beobachtet habe.

Neigt sich die Kaltzeit dann wieder ihrem Ende zu, beginnt das Spiel von Neuem. Das Eis schmilzt, immer schneller verlässt es das Land. Sturzbäche stürmen in Richtung Ozean, der Meeresspiegel steigt. Wasser dringt in die ufernahen Gletschertäler und überflutet sie. Die ertrunkenen Trogtäler werden zu Fjorden. Und manche der felsigen Rundhöcker, die vom Meer verschlungen werden, ragen als Schären aus dem ufernahen Wasser heraus.

Nach dem Abtauen des Gletscherpanzers wird auch im Landesinneren der Formenschatz sichtbar, den er erschaffen hat. Er hinterlässt weite Urstromtäler und steile Felshänge wie den des Trollstigen, gewaltig ausgedehnte Ebenen, rundgeschliffene Hügel, ein Heer von Findlingen und zahllose Seen.

Die letzte Eiszeit ging im Norden Skandinaviens erst vor gut 10.000 Jahren zu Ende. Noch bis zu dieser Zeit lag der zwei bis drei Kilometer dicke Gletscherschild auf dem Land. Als das Eis schließlich zu schmelzen begann, stieg nicht nur der Meeresspiegel und erschuf Fjorde und Schärengärten. Auch das entlastete Land begann nun wieder, sich ganz allmählich zu heben. Seit damals ist es stellenweise um bis zu 300 Meter emporgestiegen.

Und es hebt sich weiter. Norwegen entsteigt noch immer dem Meer, je nach Lage kann das Höhenwachstum alljährlich einen ganzen Zentimeter betragen. In der ersten Zeit nach der Befreiung von der Eislast hat sich das Land sogar noch wesentlich schneller gehoben. Und nun wissen wir, wie das Meer ein Loch in den Torghatten spülen konnte. Der Berg lag damals noch mehr als 100 Meter tiefer, das Loch befand sich auf Höhe des Wasserspiegels.

Das eisgeformte Gesicht, welches Norwegen uns heute zeigt, ist nur eine Momentaufnahme. Erneute Eiszeiten mögen das Land noch mehr umgestalten. Und die Reise geht weiter. Im Erdinneren schwelt es, die Kontinentalplatten sind in ständiger Bewegung.

Norwegen bleibt ein Seefahrer in den unendlichen Weiten der Erdgeschichte. Ganz so, wie es auch die Norweger schon seit Menschengedenken aufs Meer hinauszog.

Potetlomper – dünne Kartoffelpfannkuchen

Zutaten für 4 Personen:

600 g mehlig kochende Kartoffeln
100 g Mehl
Salz
Mehl für die Arbeitsplatte

Zubereitung:

Die Kartoffeln mit der Schale garen, dann pellen und sofort durch die Kartoffelpresse quetschen bzw. sehr gut zerstampfen. Das Mehl und 1 Tl Salz dazugeben und alles verkneten bis der Teig nicht mehr klebt (sonst noch etwas Mehl hinzugeben). Den Teig zu einer dicken Wurst rollen, davon Scheiben abschneiden und auf einer eingemehlten Arbeitsplatte dünn und kreisrund ausrollen. In einer beschichteten Pfanne ohne Fett backen, dabei mehrfach wenden. Die Potetlomper sind fertig, wenn sie braune Flecken bekommen haben.

Man rollt die heißen Potetlomper zum Verzehr um ein Grillwürstchen. Sie schmecken aber auch mit anderer Wurst, mit Schinken, Lachs oder gesalzener Butter.

Vom Mörder zum Wikingerfürsten – Erik der Rote

Finster ruhte der Blick des Vaters auf seinem Sohn. Stechend blitzten die blauen Augen unter den buschigen Brauen, das leise Zucken des wilden Bartes verhieß nichts Gutes. Dann sprang er unvermittelt von seinem Holzschemel auf, holte aus und schlug sein Bryntroll, die zweischneidige Axt, mit voller Wucht in die grobgehauene Platte des Tischs.

„Hast du es wieder geschafft, Nichtsnutz", tobte er. „Nichts gelernt, du elender Wurm. Beginnt das Spiel also aufs Neue."

Ungerührt stand Erik, der Sohn, breitbeinig vor dem Vater. Das Blut seiner Opfer tropfte noch von der kurzen Schneide des Schwertes, das er in der Rechten hielt. „Wie der Vater, so der Sohn", erwiderte er schließlich spöttisch und zuckte die Achseln. „Im Zweifel suche ich mir eben wieder neues Land", fügte er trotzig hinzu, bevor er sich abwandte. Ganz so, als sei dies ein alltägliches Kinderspiel.

Erik und sein Vater stammten aus Stavanger in Jæren, einer flachen Küstenlandschaft im Süden Norwegens. Dank des fruchtbaren Landes war die Familie schon vor Generationen zu großem Reichtum gekommen. Als Gutsherren bewirtschafteten sie Felder und züchteten Schweine, Rinder und Schafe. Sie gehörten zu den privilegierten Norwegern ihrer Zeit. Anderen, die an den weiter nördlich gelegenen Fjorden hausten, erging es weit schlechter. Hier gab es nur wenig nutzbares Land, und allzu oft verließen die Familienmitglieder den Esstisch in ihrer ärmlichen Kate mit knurrendem Magen.

So kam es, dass sich schon seit rund 150 Jahren junge, kräftige Kerle auf den Weg machten, um anderenorts ihr Glück zu finden. Sie taten sich in kleinen Gruppen zusammen und bauten schlanke Schiffe, mit denen sie Richtung Horizont ins Ungewisse fuhren. An fremden Küsten überfielen sie Klöster und Siedlungen, sie plünderten und mordeten rücksichtslos und verbreiteten Angst und Schrecken. Weil sie die Piraterie zu ihrem Hauptberuf machten, nannten sie sich „Seekrieger auf großer Fahrt", in ihrer Sprache „víkingr".

Doch Erik und sein wohlhabender Vater Thorvald litten keine Not, die sie zum Verlassen ihrer Heimat gezwungen hätte. Als Problem erwies sich vielmehr ihr aufbrausendes Temperament. In unbeherrschter Wut forderte Thorvald im Jahr 970 mehrere Männer zum Holmgang, einem verbotenen Duell auf Leben und Tod. Sein Sohn Erik, ein Bursche von gerade mal gut 20 Jahren, sprang dem Vater nach Kräften bei. Keiner ihrer Gegner überlebte den Kampf.

Wie es die Sitte verlangte, traten die Clanchefs der Stavanger Familien nach der Untat im Thing zusammen. Das geschah in ihrer heiligen Gerichtsstätte nahe der Küste, über der sich ein uralter Götterbaum wölbte. Unter seinem Dach ließen sich die Männer zur Beratung nieder und sprachen Recht über Thorvald und Erik.

Ihr Urteil fiel einstimmig aus: Beide Mörder, Vater und Sohn, mussten in lebenslange Verbannung gehen. Nie wieder sollten diese Frevler den norwegischen Boden betreten dürfen. Und würden sie nicht umgehend ihre Sachen packen und augenblicklich verschwinden, so erwarte sie nichts als der Tod. Drohend erhoben sich die Clanchefs, zückten ihre Schwerter, stampften mit den Füßen, und stießen dabei rhythmische, dumpfe „Huh!“-Rufe aus, um dem Gerichtsspruch Nachdruck zu verleihen.

Kein Zweifel, die Drohung musste ernst genommen werden. Welch ein Glück, dass Vater Thorvald reich genug war, um ein Schiff zu besitzen! Schleunigst holte er sein Weib und die jüngeren Kinder. Zusammen mit Erik und ein paar Getreuen gingen sie an Bord und segelten nordwestwärts. Sie erreichten Hornstranden, eine Fjordspitze im äußersten Nordwesten von Island, und weil dort noch reichlich freies Land zur Verfügung stand, ließen sie sich nieder und errichteten ihre Erdhütten.

Erst etwas mehr als 100 Jahre zuvor war das erste norwegische Wikingerschiff auf der damals noch menschenleeren Insel angekommen. Und schon 870 begann die Landnahme durch den Norweger Ingólfur Arnarson und die Mitglieder seines Clans. Auch Ingólfur hatte zuvor wegen Mordes den Fluch der Verbannung auf sich nehmen müssen. Seine Kinder wuchsen zu isländischen Wikingern und Bauern heran.

Wie einst Ingólfur vor ihm, so ließ sich auch der junge Erik Thorvaldsson von seinem misslichen Geschick nicht unterkriegen. Er heiratete Thjodhild, die Tochter eines wohlhabenden Nachfahren jenes Ingólfur, und deren Mitgift ermöglichte es Erik, sich in einem fruchtbaren Tal einen eigenen Hof zu bauen. Bald schon stellte sich Nachwuchs ein, und alles hätte gut werden können.

Wäre da nicht Eriks aufbrausendes Temperament gewesen. Hitzköpfig, wie er war, erstach er nach einem Streit mit seinem Nachbarn zwei von dessen Männern. Schon bald tagte das Wikingerthing, doch dank Eriks Ehe mit der Tochter eines hochgestellten Häuptlings zeigte der hohe Rat sich gnädig. Zwar verurteilten die Ratsherren Erik zur Verbannung, doch erlaubten sie ihm, sich einen anderen Platz auf Island zu suchen. Zum Abschied gaben sie ihm noch einen Beinamen mit auf den Weg: Sie nannten ihn jetzt „Eirik Raude" – „Erik der Rote". Und das keineswegs wegen seiner ungezähmten, rotschimmernden Haarpracht, sondern vielmehr, weil Blut an seinen Händen klebte.

Unbeirrt baute Erik sein Haus in einer anderen Ecke von Island. Doch sein streitsüchtiges Gemüt vereitelte einen glücklichen Neustart. Denn schon nach kürzester Zeit fachte er einen weiteren Disput an, dieses Mal mit dem neuen Nachbarn, und wieder tötete er ein paar von dessen Männern.

Noch einmal ließ sich das Thing nicht erweichen. Sein Urteil lautete auf drei ganze Jahre Verbannung von der Insel. Der Rückweg nach Norwegen blieb Erik aufgrund des früheren Urteils verwehrt. Doch fort musste er, und zwar unverzüglich. Denn die Sippe der Opfer gierte nach Blutrache, schon saßen ihm die Häscher auf den Fersen.

Schnell fasste Erik einen Plan. Am Herdfeuer hatte er die alten Geschichten über den Norweger Gunnbjörn Úlfsson gehört. Dieser Wikinger war einst auf der Fahrt von seiner Heimat nach Island vom Kurs abgekommen. Er erzählte von einem riesigen, unbekannten Land hoch im Norden des eisigen Meeres, das er auf seiner Irrfahrt erreichte. Wie eine unheimliche Festung hoben sich dessen schneebedeckte Küsten gegen das aschegraue Firmament, davor trieben blaue Eisschollen in den tintenschwarzen Wogen. Erschrocken ließ Gunnbjörn sein Langschiff abwenden und Kurs in Richtung Süden nehmen. So erreichte er schließlich doch noch Islands Gefilde.

Ein neues Land im Norden, das wäre seine Chance, sagte sich Erik der Rote. Keine Nachbarn, mit denen man sich herumärgern müsste, keine Clanchefs, die bestimmten, was zu tun sei. Vielmehr wäre er selbst dort der unumstrittene Anführer! So nahm er ein Schiff, heuerte 15 Männer und eine Handvoll Frauen an und stach nordwärts in See. Schon vier

Tage später erreichte er Gunnbjörns unbekanntes Land. Doch überall reichten Gletscher bis ans Ufer, nirgends fand sich eine zur Landung geeignete Stelle. Deshalb umrundete Erik die fremde Insel und erforschte deren endlose Küsten. Mehrfach kamen er und seine Leute dabei dem Hungertod nahe. Doch schließlich entdeckten sie im Süden der Insel Fjorde, die tief ins Landesinnere hineinreichten. Hier gab es grüne Wiesen und Bäche mit lieblich plätscherndem, glasklarem Wasser.

Erik steckte sich ein ordentliches Stück Land ab und nannte seinen neuen Hof „Brattahlid", das heißt Steilhang. Außerdem erlaubte er auch seinen Gefährten, sich eigene Parzellen auszusuchen. Das alles, so verkündete Erik der Rote voller Stolz, sei fortan sein eigenes Reich.

Inzwischen waren die Jahre der Verbannung verstrichen. So kehrte Erik im Jahr 984 nach Island zurück, denn was ist ein Reich ohne Untertanen, über die man herrschen kann? Es galt, mehr Familien auf die neue Insel zu locken, und deshalb startete Erik jetzt eine clevere Marketingkampagne. Er taufte seine Insel auf den Namen „Grönland", das heißt „grünes Land". Der verheißungsvolle Name weckte Bilder von saftigen Wiesen unter einem freundlichen Himmel. Bestimmt schummelte Erik ganz bewusst, als er diesen Namen wählte, doch muss man ihm zugutehalten, dass das Klima auf Grönland in jener Zeit tatsächlich etwas freundlicher gewesen ist als heute.

Jedenfalls hingen die abenteuerlustigen jungen Leute auf Island an seinen Lippen, als er vom prächtigen Land im Norden schwärmte. Und so kam es, dass schon ein Jahr nach seiner Rückkehr 25 Schiffe in See stachen, an Bord nicht nur Erik und seine Familie, sondern auch mehrere hundert Männer, Frauen und Kinder mitsamt ihren Habseligkeiten. Und außerdem eine ganze Menge Vieh.

Doch ein schwerer Sturm machte die Überfahrt zur Hölle. Turmhohe Wellen stellten sich den Auswanderern entgegen, und ganze elf Schiffe versanken mit Mann und Maus in den grausigen Fluten.

Die anderen aber erreichten wohlbehalten Grönlands Küste. Und dort schrieben sie eine wahre Erfolgsgeschichte. Sie fanden nicht nur fruchtbare Weiden für ihre Schafe, Rinder und Ziegen, sondern auch überreiche Fischgründe. Und weil inzwischen der brauchbare Boden auf Island knapp wurde, kamen schon bald weitere Siedler. Grönlands Bevölkerung wuchs binnen kurzer Zeit auf 3.000 Seelen an. Weil es auf ihrer Insel weder Holz noch Eisenerz gab, trieben diese „Grænlendingar" Handel mit den Europäern. Gegen deren Werkzeug und Baumaterial tauschten sie Felle, Walrosszähne, Grönlandfalken und die begehrten Stoßzähne von Narwalen, welche die faszinierten Festlandbewohner für den Kopfschmuck magischer Einhörner hielten.

Und als unumstrittener Alleinherrscher stand Erik der Rote an ihrer aller Spitze. Seine Macht und sein Ansehen wuchsen ins Unermessliche. Der Gutshof Brattahlid richtete fortan das Althing aus, die alljährliche Ratsversammlung der grönländischen Stammesersten. Die beachtliche Karriereleiter Eriks des Roten reichte damit von den Abgründen brutalen Mordes bis hinauf zu den hohen Ehren eines Wikingerfürsten.

Nie wieder sollte er in seine norwegische Heimat zurückkehren. Sein Glück währte bis 1002. In jenem fatalen Jahr schleppten neue Siedler eine Epidemie nach Grönland ein, die zahlreiche Opfer forderte. Auch Erik starb im darauffolgenden Jahr an den Folgen der unbekannten Krankheit, gerade erst gute 50 Jahre alt.

Doch seine Kolonien auf Grönland blühten noch bis weit ins 15. Jahrhundert hinein, als das Klima langsam unwirtlicher wurde und die Menschen zum Aufgeben zwang. Einem der Söhne Eriks und Thjodhilds, Leif Eriksson, genannt „der Glückliche“, gelang nicht nur die Wiederherstellung der Familienehre, indem er seine Aufnahme an den Königshof der alten Heimat Norwegen bewirkte und das Christentum nach Grönland brachte. Dieser Leif sollte vielmehr auf seinen Erkundungsfahrten bis nach Neufundland segeln, fast 500 Jahre, bevor Kolumbus Amerika erreichte.

Dies ist die Geschichte zweier Norweger und ihrer Familien, die als Wikinger in die weite Welt aufbrachen. Viele andere taten es ihnen gleich, und ebenso vielfältig sind die Geschichten, die es von den wilden Seekriegern zu erzählen gibt. Im Wikingerschiffmuseum von Oslo kann man tief in ihre raue Vergangenheit eintauchen. Denn hier sind neben etlichen Gerätschaften, Textilien, Schlitten und Booten die drei besterhaltenen Wikingerschiffe der Welt ausgestellt. Sie stammen aus dem späten 9. Jahrhundert, der Blütezeit der Wikingerära. Windschnittige Schiffe wie diese sind es gewesen, mit denen einst Erik der Rote und seine Leute gen Nordwesten aufbrachen.

Fiskepudding – Fischpudding

Zutaten für 4 Personen:

600 g Seefischfilet
300 ml Milch
2 Eier
1 Zwiebel
60 g Butter
20 g Speisestärke
geriebene Muskatnuss
Salz
Pfeffer
Butter zum Einfetten
zum Belegen der fertigen Scheiben: Zitronen, Shrimps, Dill

Zubereitung:

Die Fischfilets in ein paar Stücke zerteilen und 1 Stunde lang ins Eisfach legen. In der Zwischenzeit die Zwiebel würfeln und die Stärke mit 6 El der Milch gut verquirlen.

Nun die Fischstücke im Mixer oder mit dem Pürierstab fein pürieren, währenddessen die Eier, die Zwiebeln, die Butter, die Milch mit der Stärke, die restliche Milch sowie etwas Muskatnuss, Salz und Pfeffer hinzugeben. Achtgeben, dass sich das Schneidwerk dabei nicht erhitzt, deshalb möglichst rasch arbeiten.

Den Backofen auf 180°C vorheizen. Eine nicht zu große, fest verschließbare Puddingform gut mit Butter einfetten und die Masse hineinfüllen. Auf ein Gitter in einen großen Topf mit kochendem Wasser stellen, sodass die Puddingform nur noch zu einem Drittel herausschaut. Das Ganze für 1½ Stunden in den Backofen stellen, danach herausnehmen und auf Zimmertemperatur abkühlen lassen.

Zum Verzehr in Scheiben schneiden, mit etwas Zitronensaft beträufeln und mit Shrimps, Dill und einer Zitronenscheibe garnieren.

Dazu Flatbrød (Rezept s. Seite 46) reichen.

Der Tiger unter den Städten – Oslo

Auf alten Fotos schaut Bjørnstjerne Bjørnson recht grimmig aus seinem dunklen Anzug. Vielleicht musste das so sein, denn in den Anfängen des Zeitalters der Fotografie legten die Herren noch Wert darauf, ihren Status als ranghoher Patriarch durch entsprechende Mimik zu betonen. So wirkt Bjørnson auf dem alten Bild mehr wie ein furchteinflößender Despot denn wie ein großer Poet. Doch genau das ist der Literaturnobelpreisträger des Jahres 1903 gewesen. Von ihm stammt die norwegische Nationalhymne „Ja, vi elsker dette landet" – „Ja, wir lieben dieses Land", und er dichtete das „Letzte Lied", „siste sang", in dem er sich mit der Hauptstadt seiner Heimat befasst. Dazu nutzt er Metaphern, im Gedicht führt ein Pferd einen aussichtslosen Kampf gegen einen unbarmherzigen Tiger. Das Pferd steht für das ruhige und friedvolle Landleben, der Tiger hingegen symbolisiert die mörderischen Gefahren der Stadt, und gemeint ist Oslo. Diesen Vergleich nahmen die Norweger sich zu Herzen, Oslo galt ihnen von nun an als die gefürchtete „Tigerstadt".

Vielleicht hatten seine eigenen Erfahrungen Bjørnsons Bild von der Hauptstadt geprägt. Er wuchs wohlbehütet im Pfarrhaus einer abgelegenen Gemeinde des waldreichen Tals Østerdalen auf, fast möchte man meinen, er genoss eine Kindheit in perfekter Idylle. Doch später arbeitete Bjørnson als Journalist für die Osloer Tageszeitung Aftenbladet. Damit saß er sozusagen an der Quelle, aus der unablässig Nachrichten von den Schrecken der Stadt sprudelten, von Zank und Streit, von Raub, Mord und allen anderen erdenklichen Untaten.

Und anscheinend war es hier schon immer so gewesen. Bereits im Mittelalter besaß Oslo zwei Burgen. Es musste wohl gute Gründe dafür gegeben haben, gleich zwei dieser Schutzfesten zu errichten. 1308 erlebte die Stadt ihre erste Plünderung und wurde daraufhin niedergebrannt, ein Schicksal, das sich in den nächsten Jahrhunderten mehrfach wiederholen sollte.

Deshalb hatte Christian IV., der König von Dänemark, dem Norwegen damals als Provinz angehörte, nach dem verheerenden Feuer von 1624 die Faxen endgültig dicke. Er befahl, die qualmenden Ruinen aufzugeben und einen Kilometer entfernt eine neue Metropole zu erschaffen. Auf dem Reißbrett entworfen, zeigte die neue Hauptstadt von Norwegen eine Aufteilung in ordentliche Rechtecke aus geradlinigen, steinernen Häusern. Und weil diese Stadt so modern und vorbildlich geriet, brauchte sie natürlich auch einen angemessenen neuen Namen, in dem ihr Schöpfer sich zu verewigen gedachte. Aus Oslo – der Mündung „Os“ des Flusses „Lo“ (heute Alna) – wurde Christiania.

Auch wenn es dem König nicht passte, so füllten sich doch schon bald auch die Trümmer der alten Stadt wieder mit neuem Leben. Denn wer sich das Leben in Christiania nicht leisten konnte, der beschaffte sich einen notdürftigen Unterschlupf im alten Oslo. Die neue Stadt zeichnete sich nämlich nicht nur durch optische Schönheit und gefällige Ordnung aus, sondern vor allem auch durch ihr hohes Preisniveau.

Zumindest diese Eigenschaft konnte sich Oslo aus dem 17. Jahrhundert in die Moderne hinüberretten. Es gilt nach wie vor als einer der kostspieligsten Flecken überhaupt. In der Liste der teuersten Hauptstädte der Welt nimmt es mit schöner Regelmäßigkeit einen der vordersten Plätze ein.

Welch ein Gegensatz, wenn man aus Richtung Norden nach Oslo kommt! Dort liegt die Nordmarka, eine malerische Wildnis, aus deren tiefblauen Seen die Findlinge ragen und deren dichte Wälder schier kein Ende nehmen wollen. Und plötzlich enden sie dann doch, wenn sich vom 370 Meter hohen Holmenkollen mit seiner 2010 eingeweihten ultramodernen Skisprungschanze der Blick auf das Häusermeer der Stadt eröffnet.

Und was für eine Stadt! Das streng rechtwinklige Raster des früheren Christiania hat wie ein Krake seine Tentakel ausgestreckt, denn heute leben hier 660.000 Menschen. Mit dem alten Stadtplan wurde auch der Name abgestreift, den der dänische König einst verordnete. Im Zeichen der Unabhängigkeit Norwegens nahm die Hauptstadt nach 300 Jahren wieder ihren alten Namen an.

Auch sonst blieb nicht vieles beim Alten. Zwar schmückt sich die zentrale Hauptstraße Karl Johans gate mit schönen historischen Gebäuden wie dem königlichen Schloss und dem Parlamentsgebäude des Storting („das große Thing"). Doch schon bald nach Erlangung der Unabhängigkeit setzte die Hauptstadt ein Zeichen: Die neue Freiheit sollte sich auch im Stadtbild manifestieren und jedem den unbedingten Willen zum Aufbruch in die Moderne vor Augen führen. Ein neues Rathaus sollte her!

So startete der Bürgermeister einen Spendenaufruf, dann schrieb er einen Architektenwettbewerb aus. Nach vielen turbulenten Jahren des Hin und Her entstand schließlich ab 1931 ein imposantes Bauwerk. Es ist ein roter Klotz mit zwei kubischen Türmen, der die damals aktuellen Trends miteinander vereint: die geraden Linien des Bauhausstils, das wuchtige Imponiergehabe des Backsteinexpressionismus und das Pathos der Nationalromantik.

Aber der Zweite Weltkrieg und die vielen Jahre im wirtschaftlichen Abseits ließen den frischen Wind in Norwegens Architektur erst einmal wieder abflauen. Als er sich dann Jahrzehnte später doch wieder erhob, da entwickelte er sich zu einem wahren Tornado. Kaum eine Stadt verändert ihr Bild derzeit so dramatisch wie Oslo.

Im Hafen, so scheint es, ist ein riesiger Eisberg eingelaufen. Schneeweiß schimmert der bizarre Koloss über dem dunkelblauen Wasser. Doch das Gebilde besteht nicht aus Eis, vielmehr ziert edler Carraramarmor seine Fassade. Und es ist auch kein Berg. Es ist das vielfach preisgekrönte Opernhaus, das wie sein Vorbild im australischen Sydney zum neuen Wahrzeichen von Oslo avancierte. Seine drei ganz unterschiedlichen Bühnen bieten 300 musikalischen Profis aus der Opern- und Ballettszene Raum zur Entfaltung ihrer Kreativität. Gleichzeitig spiegelt das Gebäude aber auch eine ganz andere Eigenheit der norwegischen Kultur: „allemannsretten", das Jedermannsrecht.

Dank einer uralten Tradition steht es in Norwegen jedem zu, überall in der freien Natur zu wandern. Und nicht nur das, man darf auch überall sein Zelt aufschlagen, ausgenommen sind nur bewirtschaftete Felder und Gärten. Voraussetzung ist, dass man einen Mindestabstand von 150 Metern zum nächsten Haus hält, nach einer Nacht weiterzieht und den Platz so hinterlässt, wie man ihn vorgefunden hat. Offenes Feuer ist in den Sommermonaten allerdings nur fernab aller bewaldeten Gebiete erlaubt. Abgesehen von der Moltebeere dürfen aber alle Früchte geerntet werden, auch das Fischen zum eigenen Bedarf ist ohne Angelschein erlaubt.

Und genauso uneingeschränkt, wie man sich in der Natur bewegen darf, so kann man es auch bei der Oper von Oslo tun: Ihr Dach ist begehbar, und jedermann ist dazu eingeladen, es zu erkunden. Die verschiedensten Blickwinkel eröffnen von dort oben Panoramen auf Hafenszenen, auf traditionelle Holzhäuser am Ufer des Fjords, auf Hügel und Wälder in der Ferne sowie auf die moderne Silhouette der Stadt.

Denn das Opernhaus von 2008 ist nur ein auffälliger Showeffekt in einem wahren Feuerwerk hypermoderner Architektur. Oslo erfindet sich seit der Jahrtausendwende völlig neu. Damals beschloss die Regierung, der bislang ziemlich biederen Hauptstadt mithilfe der prall gefüllten Staatskasse ein neues Gesicht zu spendieren. Visionäre Baumeister, weltbekannte Stars der Architektur, aber auch junge norwegische Talente überziehen die Stadt seitdem mit ambitionierten Gebäuden.

Wer mit dem Zug ankommt, sieht es sofort: Über die Bahnhofsgleise führt ein verrücktes Konstrukt, die „Akrobatenbrücke". Sie bietet nicht nur einen nächtlichen Lichterzauber, sondern auch wunderbare Ausblicke auf Oslos neue Kulisse.

Denn inzwischen trumpft die Stadt mit einer ultraschicken Hafencity auf. Den heruntergekommenen alten Industriehafen ersetzt ein gewagtes Ensemble aus zwölf Hochhäusern von ganz unterschiedlicher Breite und Höhe, die sich dennoch zu einem Gesamtbild zusammenfügen. Dann erinnern sie an den Strichcode auf Verpackungen, nicht umsonst trägt die neue Hafensilhouette den Namen Barcode.

Gleich nebenan öffnet 2019 die neue Deichmansche Bibliothek, ein wegweisendes Bauwerk, das dank seiner quer verlaufenden Lichtschächte fließende Transparenz zwischen Innenräumen und Straßen schafft. Ganz modern bietet sie ihren Besuchern nicht nur umfangreiche Büchersammlungen, sondern dazu auch ein Restaurant, verschiedene Lounges, Gaming-Rooms, Kino und Medienworkshops. Und ganz in der Nähe entstand das neue Edvard-Munch-Museum.

Eine Bucht weiter fängt im strahlenden Vorzeigeviertel Tjuvholmen der verwegene Bau des Astrup-Fearnley-Museums aus dem Jahr 2012 die Blicke. Mindestens so progressiv wie die in ihm ausgestellten Kunstwerke, ist er eine Konstruktion des Italieners Renzo Piano, der für Bauwerke wie das Pariser Centre Pompidou oder das Gebäude der New York Times berühmt ist. Das Museum besteht aus drei unterschiedlich großen Pavillons aus Espenholz, Stahl und Glas, die unter einem segelförmigen Glasdach angeordnet und von einem Kanal durchzogen sind. Gleich daneben gibt es einen Skulpturenpark. Und im Parkhaus von Tjuvholmen durchbricht ein gigantischer Fuß im quietschblauen Turnschuh die Decke: „Ein Fuß im Grab" heißt die skurrile Plastik.

Tjuvholmen hat sich vom Rotlichtviertel vergangener Jahrhunderte zu einem angesagten Szenequartier entwickelt. Hinter farbenfrohen, verschachtelten Fassaden locken hippe Boutiquen, Bars, Restaurants und Galerien, dazu gibt es Büros und zeitgemäße Wohnungen. Dazwischen liegen Kanäle, lauschige kleine Plätze und Innenhöfe. Hier trifft sich die optimistische Jugend von Norwegen und kann in diesem coolen Ambiente vor guter Laune kaum an sich halten. Schließlich gehört ihre Hauptstadt inzwischen zu den trendigsten Metropolen dieser Welt. Nichts erinnert mehr daran, dass der Name Tjuvholmen zu Deutsch „Inselchen der Diebe" bedeutet. Was Bjørnstjerne Bjørnson wohl zu dieser Entwicklung gesagt hätte?

Doch auch sein Tiger ist noch da. Seit dem 1.000. Geburtstag der Stadt im Jahr 2000 schmückt den Bahnhofsvorplatz ein viereinhalb Meter langer Bronzetiger und begrüßt die Reisenden, die in Oslo ankommen. So wissen sie gleich, womit sie es zu tun haben: Sie betreten jetzt den Tiger unter den Städten!

Kjøttkaker – Fleischbällchen in Sauce

Zutaten für 4 Personen:

600 g Gehacktes (halb und halb)
60 g Paniermehl
1 Ei
2 kleine Zwiebeln
100 g Butter
geriebene Muskatnuss
Salz
Pfeffer
Bratfett
Mehl

Zubereitung:

Die Zwiebeln fein hacken und ein Drittel davon gut mit Hackfleisch, Paniermehl und Ei vermengen, mit Muskat, Salz und Pfeffer würzen. Kleine Bällchen aus der Masse formen und in Mehl wälzen.

In einer Pfanne etwas Bratfett erhitzen und die Bällchen ringsum bräunen. Vom Herd nehmen, das Fett in einen Topf gießen, wieder erhitzen und die restlichen Zwiebeln darin glasig andünsten. 600 ml siedendes Wasser angießen und die Fleischbällchen hineingeben. Bei schwacher Hitze 10 Minuten ziehen lassen.

In einem kleinen Topf die Butter schmelzen und 50 g Mehl unter Rühren mit dem Schneebesen hinzustreuen. So lange weiterrühren, bis die Mischung eine sattbraune Farbe angenommen hat. Dann in die Kjøttkaker-Brühe einrühren und erhitzen, bis sie gebunden ist. Mit Salz und Pfeffer abschmecken.

Dazu Erbs- oder Kartoffelbrei servieren.

Aus Larvik hinaus aufs Meer – Expeditionen ins Ungewisse

Rund 100 Kilometer südwestlich von Oslo liegt Larvik. Es ist ein alter Ort, so alt, dass Menschen schon in der Steinzeit hier lebten. Die Wikinger machten die Siedlung zu einer ihrer Hauptfesten, damals trug sie den Namen Kaupang. Und nach dem Mittelalter entwickelte sie sich als Herz einer Grafschaft zur prosperierenden Stadt.

Während all dieser Zeit war der Hafen ihre Lebensader. Von hier aus stachen die Wikingerschiffe in See, hier blühte der Holzhandel, später verließen dazu noch die Produkte der städtischen Eisenhütte den Hafen von Larvik. 1865 entstand ein äußerst fortschrittliches dampfbetriebenes Sägewerk, und weil geschnittenes Holz und verhüttetes Eisen nun schon einmal da waren, dachte sich der junge Colin Archer, er könne doch auch gleich vor Ort eine Schiffswerft gründen. Archer stammte aus Larvik, hatte aber ein paar Jahre in Australien verbracht und war dort zu Geld gekommen. Dem Bootsbau gehörte seine ganze Leidenschaft, und schon bald machte er sich einen Namen als Konstrukteur besonders seetüchtiger und stabiler Schiffe. Wer Qualität suchte und über das nötige Kleingeld verfügte, der wandte sich an Archer.

Deshalb ist es nicht weiter verwunderlich, dass sich eines Tages ein Wissenschaftler aus Oslo bei Archer meldete. Was er plante, stellte eine echte Herausforderung dar. Nie zuvor hatte ein Mensch Derartiges gewagt, und weil die Aufgabe sich so außerordentlich gestaltete, musste auch das Schiff extrem anspruchsvolle Anforderungen erfüllen. Denn der Forscher Fridtjof Nansen plante nichts Geringeres, als höher in den Norden zu fahren, als es irgendjemand vor ihm gewagt hatte, und dabei dem Nordpol so nahe wie möglich zu kommen. Scheinbar ein völliger Wahnsinn, denn um seine Exkursion bewerkstelligen zu können, würde er sein Schiff im Packeis einfrieren lassen. Einzig und allein der von Nansen vermutete Eisdrift sollte dann fürs Vorwärtskommen auf der geplanten Route sorgen.

Dass er durchaus das Zeug zu extremen Unternehmungen besaß, hatte Nansen schon zuvor bei der Durchquerung Grönlands in Begleitung seines Kollegen Otto Sverdrup unter Beweis gestellt. Deshalb fanden sich trotz der Skepsis der Geographischen Gesellschaft einige Geldgeber, die den geplanten Schiffsbau großzügig unterstützten. Und Colin Archer nahm die knifflige Aufgabe nur zu gerne an. Konnte er doch hierbei endlich seine Fähigkeiten zu ihrer vollen Entfaltung bringen!

1892 wurde sein Werkstück fertig. Der Rumpf zeigte eine ganz ungewöhnliche, abgerundete Form, die Wände wiesen eine Dicke von stattlichen 50 Zentimetern auf. Dergestalt konstruiert konnte der Dreimastschoner, der zusätzlich noch über Dampfantrieb verfügte, dem gewaltigen Druck des Packeises standhalten. Dann würde es im Eisdrift vorwärtsgehen, und weil „vorwärts" im Norwegischen „fram" heißt, erhielt das Forschungsschiff diesen Namen.

Mit einer elfköpfigen Mannschaft starteten Nansen und sein Kapitän Otto Sverdrup vom finnmarkischen Vardø zu den Neusibirischen Inseln an der Grenze zur Ostsibirischen See und ließen sich dort im Packeis einfrieren. Es ging nun zwar weiter voran, aber deutlich langsamer als ursprünglich geplant, und zum allergrößten Schrecken zunächst auch noch in die falsche Richtung. Nach 18 Monaten verließ Nansen die Fram in Begleitung seines Landsmanns Fredrik Johansen, um den Nordpol auf Skiern zu erreichen. Das gewagte Vorhaben schlug zwar fehl, doch gelangten die beiden höher hinauf in den Norden als je ein Mensch zuvor. Und die Fram erreichte nach fast dreijährigem Ritt auf dem Packeis tatsächlich doch noch bei Spitzbergen wieder das offene Meer.

Auf einer zweiten Exkursion lenkte Sverdrup die Fram 1898 in die kanadische Arktis, wo er in bisher unbekannte Gefilde vordrang und diese kartierte. Doch auf ihre berühmteste Exkursion sollte sie ein anderer führen: Roald Amundsen aus dem 80 Kilometer südlich von Oslo gelegenen Fredrikstad.

Seine erste, äußerst erfolgreiche Teilnahme an einer Forschungsexpedition in die Antarktis Ende der Neunzigerjahre des 19. Jahrhunderts hatte Nansens Aufmerksamkeit erregt. So überließ er dem Kollegen auf dessen Ersuchen hin die inzwischen mit einem Dieselmotor aufgerüstete Fram, als Amundsen zu einem Versuch aufbrechen wollte, seinerseits den Nordpol zu erobern.

Doch Amundsen führte ganz anderes im Schilde. Inzwischen reklamierten nämlich sowohl der Amerikaner Frederick Cook als auch dessen Landsmann Robert Peary den Ruhm für sich, jeweils als Erster den Nordpol erreicht zu haben. Die Aussicht, selbst nur noch einen Platz auf den hinteren Rängen erstreiten zu können, stellte in Amundsens Augen keinen hinlänglichen Anreiz mehr dar. Er zielte darauf ab, mit einer wirklich spektakulären Erkundungstour als Forscher großen Ruhm zu erlangen. Das, so hoffte er, sollte es ihm in der Folgezeit erleichtern, Sponsorengelder für weitere Touren aufzutreiben. Deshalb änderte er klammheimlich seine Pläne und fasste ein anderes Ziel ins Visier: den Südpol!

Gerade hatte der Brite Robert Scott vollmundig verkündet, als erster Mensch zum Südpol vordringen zu wollen. Umso mehr fühlte sich Amundsen dazu angestachelt, ihm zuvorzukommen. Ohne Nansens Wissen steuerte er deshalb die Fram 1910 in Richtung Süden. Auch anderen gegenüber hielt er seine Reisepläne geheim. Denn er befürchtete, im Wissen um die Konkurrenz könne Scott kurzfristig noch weitere finanzielle Unterstützung von seinen britischen Förderern zufließen, und diesen Vorteil wollte er dem Rivalen nicht verschaffen.

Wir alle wissen, wie die Expedition ausging. Am 14. Dezember 1911 erreichten Amundsen und sein Team den Südpol und tauften die Gegend zu Ehren des Königs Haakon VII. auf den Namen „Haakon VIIs Vidde". Einen Monat später kamen auch Scott und seine Leute am Südpol an. Doch auf dem Rückweg starben sie allesamt. Sie hatten die mörderischen Bedingungen unterschätzt, waren falsch ausgerüstet und führten zu wenig Lebensmittel und Brennmaterial mit sich.

Amundsen hingegen kehrte am 26. Januar wohlbehalten zu seinem Ausgangspunkt in der antarktischen Bucht der Wale zurück, Framheim, benannt nach dem Forschungsschiff Fram. Die 5.500 Kilometer lange Tour durch wütendes Schneegestöber und klirrenden Frost hatte gute drei Monate gedauert. Von 52 Schlittenhunden überlebten nur elf.

Doch der Erfolg gab Amundsen recht. Schnell verzieh man ihm sein eigenmächtiges Vorgehen. Selbst Nansen, dessen Fram Amundsen kurzerhand umgelenkt hatte, verteidigte das Handeln seines Kollegen. Denn dieser galt nun in Norwegen als großer Volksheld. Überall erzählte man sich die Geschichten von seinem unglaublichen Wagnis, besonders gerne natürlich auch in Larvik, der Heimat des Schiffes, das die ganze Sache überhaupt erst ermöglicht hatte. Und genau dort wurde drei Jahre nach Amundsens Rückkehr ein Junge geboren, den die aufregenden Expeditionsgeschichten, die er in seiner Kindheit hörte, zu gänzlich neuartigen Abenteuern inspirieren sollten.

Sein Vater besaß in Larvik eine lukrative Brauerei. Viele Jahre hatten er und seine Frau vergeblich auf Nachwuchs gehofft. Irgendwann fügten sie sich fast schon in ihr Schicksal als kinderloses Paar, da kündigte sich doch noch der lang ersehnte Sohn an. Umso mehr Freude bereitete ihnen die Elternschaft. An den langen, dunklen Abenden saßen sie mit dem Knaben am Kaminfeuer, und während der Vater sein frisch gebrautes Bier genoss, erzählte die Mutter von den prächtigen Schiffen aus Archers Werft sowie von den aufregenden Abenteuern Roald Amundsens und seiner Forscherkollegen. Gebannt hing der Junge an ihren Lippen. Wasser, Wind, Schiffe und Meeresströme erschienen ihm wie der Schlüssel zum Glück. Dumm war nur, dass Wasser ihm Angst einflößte. Erst als Erwachsener sollte er notgedrungen schwimmen lernen, nachdem er bei einem Sturz in die Fluten beinahe ertrunken wäre.

Seine große Leidenschaft gehörte der Erdkunde und der Biologie. Beide Fächer studierte er an der Universität von Oslo. Hier lernte er alles Erdenkliche über die Vielfalt der Welt, doch im Gegensatz zu den Polarforschern fühlte er sich von den Geheimnissen wärmerer Gebiete geradezu magisch angezogen. Deshalb war es für ihn keine Frage, wohin er 1936 seine frischgebackene Ehefrau in die Flitterwochen führte: Tahiti! Von dort ging es weiter zur Südseeinsel Fatu Hiva. Denn er wollte erkunden, wie die Tierwelt die polynesischen Inseln erobert hatte. Aber auch die ursprüngliche Lebensweise der Einheimischen faszinierte ihn, und so begann er, sich nebenbei mit der Ethnologie der Menschen von Polynesien zu beschäftigen. Das einfache Leben im Einklang mit der Natur ließ ihn nicht mehr los, und auch seine Frau war von dem Gedanken fasziniert, so zu leben wie ihre Vorfahren einst in ferner Vergangenheit. Deshalb erfüllten sich beide ihren Traum und kehrten schon ein Jahr später in die Südsee zurück, wo sie acht Monate lang als Selbstversorger lebten. Gleichzeitig widmete der Naturkundler sich der dortigen Tierwelt und erforschte den Dschungel. Dabei entdeckte er mehrere von Menschen bearbeitete Steinstatuen, die ihn an ganz ähnliche Artefakte erinnerten, die er aus seinen Lehrbüchern kannte. Doch die stammten aus Südamerika.

Da berichtete ihm eines Abends am Strand ein Greis von den uralten Mythen seines Volkes, die von der Herkunft der ersten Polynesier aus einem geheimnisumwobenen Land fern im Osten zu erzählen wussten. Weit über das Meer waren sie gekommen, zu einer Zeit, die so lange zurücklag, dass nur die Sonne und die Sterne sich noch daran erinnern konnten. Nachdenklich blickte der Forscher hinaus zum Horizont, der sich in der unendlichen Ferne des Abendhimmels verlor. Sollte die Geschichte stimmen, die der alte Mann ihm erzählt hatte? Und falls ja, wie konnten die ersten Siedler es vollbringen, die weit verstreut im Pazifischen Ozean liegenden Inseln überhaupt zu finden? Waren sie nicht in den unermesslichen Fluten versteckt wie die sprichwörtlichen Nadeln im Heuhaufen? Und das alles auch noch ohne moderne Navigationsgeräte und mit den primitivsten Booten? Unmöglich!

Doch je mehr er darüber nachdachte, desto plausibler erschien ihm der Gedanke. Schließlich erzählte er den Wissenschaftskollegen von seiner abenteuerlichen Theorie. Doch die meisten schüttelten bloß den Kopf. Das war doch völlig abwegig!

Die Welt wäre um eine spannende Forschungsgeschichte ärmer, wenn er sich davon hätte entmutigen lassen. Doch er war Thor Heyerdahl, und er ließ nicht locker, bis er beweisen konnte, dass die Besiedlung Polynesiens von Südamerika aus zumindest möglich gewesen wäre. Auch in Südamerika erzählen sich die Inka eine uralte Legende, in der es heißt, der Gott Kon-Tiki sei einst aus dem Osten gekommen, um das Volk der Inka zu erschaffen. Zehn Jahre vergingen, bis Heyerdahl die Bauweise historischer Inkaboote hinlänglich studiert und fünf Männer zusammengetrommelt hatte, die das Abenteuer mit ihm wagen wollten. Aus 13 Meter langen Balsaholzstämmen bauten sie mithilfe von Hanfseilen und einigen Querstangen ein Floß, setzten darauf eine Hütte mit Dach aus Bananenblättern sowie einen neun Meter hohen Mast und tauften das Gefährt auf den Namen Kon-Tiki.

Mit etlichen Kokosnüssen, Kürbissen, Süßkartoffeln und tausend Litern Wasser stachen sie im April 1947 von der peruanischen Küste aus in See. Vor ihnen lagen gut 8.000 Kilometer, auf denen es nichts als die Weite des Ozeans gab. Die Männer mögen vielleicht zu naiv gewesen sein, denn nichts funktionierte so wie geplant. Sie wussten zunächst nicht, wie sie ihr Floß navigieren sollten. Außerdem drohten unbändige Stürme, ihr Unternehmen in ein tödliches Fiasko zu führen, und im Wasser lauerten Haie. Doch das Wunder geschah. Nach 101 Tagen zwischen Hoffen, Bangen und Verzweiflung erreichten die Glücksritter das Ufer einer unbewohnten Insel, die zu Französisch-Polynesien gehörte. Der unterwegs gedrehte Dokumentarfilm gewann einen Oskar und Heyerdahl Weltruhm. Sein Reisebericht wurde zum Weltbestseller.

Die Erfolgswelle hatte ihn gepackt, um jeden Preis wollte er auf ihr in neue, unbekannte Gefilde weiterreiten. So entwickelte er eine weitere gewagte Theorie: Die alten Ägypter hätten Kontakte zu Mittelamerika gepflegt. Wie sonst sollte man erklären, dass es in Mexiko und in Ägypten ganz ähnlich aussehende Pyramiden gibt?

Um auch das zu beweisen, ließ er die „Ra“ nach dem Vorbild altägyptischer Schilfboote bauen. Die erste Ra löste sich kurz vor dem Ziel in ihre Einzelteile auf und zwang ihn zum Abbruch der Expedition, doch mit der zweiten erreichte Heyerdahl im Juli 1970 von Marokko aus in einer nur einmonatigen Reise die Karibikinsel Barbados. Etliche weitere Expeditionen folgten.

Doch so aufsehenerregend das alles auch war, Heyerdahls wissenschaftliche Theorien blieben letztendlich Spekulation. Zwischenzeitlich galt als gesichert, dass die polynesische Inselwelt von Westen aus besiedelt wurde. Doch Genanalysen bewiesen 2020, dass sich auf den östlichen Inseln vor rund 850 Jahren auch Ureinwohner aus Regionen des heutigen Mexiko und Kolumbien unter die Polynesier mischten. Womöglich kamen diese Indianer sogar schon vor den südasiatischen Siedlern dort an. Völlig zu Recht gilt Heyerdahl deshalb als Wegbereiter der experimentellen Archäologie. Die legendären Boote Kon-Tiki und Ra können heute im Museum auf der Osloer Halbinsel Bygdøy bestaunt werden. Gleich nebenan wartet das Polarforschungsschiff Fram im gleichnamigen Museum auf Besucher. Passenderweise bleibt der Ausstellungsraum im Winter unbeheizt.

Sie ist nur eines der mehr als 200 Schiffe, die Colin Archer bis zu seinem Tod im Jahr 1921 konstruiert hat. Ein anderes, der 1917 gebaute Frachtsegler Sæløer mit dem deutschen Heimathafen Kappeln, ist noch heute auf der Ostsee unterwegs. Und selbst der 20 Jahre ältere Zweimaster Rakel kreuzte noch bis 2018 auf Nord- und Ostsee.

Man kann wohl zu Recht behaupten, dass Colin Archer aus Larvik so manches in Bewegung gebracht hat.

Hjemmelaget brun lapskaus – Labskaus auf norwegische Art

Zutaten für 4 Personen:

600 g Rindfleisch
1,5 l Gemüsebrühe
1 Gemüsezwiebel
4 Möhren
¼ Sellerie
800 g Kartoffeln
2 Porreestangen
60 g Butter
2 El Mehl
Salz, Pfeffer

Zubereitung:

Das Rindfleisch in mundgerechte Stücke schneiden. Die Zwiebel schälen und grob würfeln, den Sellerie putzen und würfeln, Porree und Möhren putzen und in Scheiben schneiden, die Kartoffeln schälen und in nicht zu kleine Stücke schneiden. Die Butter in einem Topf schmelzen und das Fleisch darin ringsum anbraten. Dann die Zwiebeln hinzugeben und so lange mitbraten, bis sie eine bräunliche Farbe angenommen haben. Zum Schluss das Weizenmehl darüberstreuen, verrühren und kurz anschwitzen. Mit der Gemüsebrühe ablöschen, aufkochen, anschließend die Hitze reduzieren, mit Salz und Pfeffer würzen und das Ganze 1½ Stunden köcheln lassen. Nun das restliche Gemüse hinzugeben, aufkochen und eine weitere halbe Stunde lang bei mittlerer Hitze garen lassen. Mit Flatbrød (Rezept s. Seite 46) servieren.

Labskaus ist ein typisches Seemannsgericht aus dem Norden. In verschiedenen Variationen ist es auch in anderen Ländern Nordeuropas bekannt, z. B. in Liverpool als „Scouse“, in Norddeutschland mit Corned Beef und Roter Bete. Ursprünglich verwendete man zur Zubereitung vermutlich haltbares Pökelfleisch und Zwieback. In Norwegen ist auch eine süße Variante bekannt (Rezept s. nächste Seite).

Himmselsk labskaus – himmlischer Labskaus

Zutaten für 4 Personen:

4 Eier
je 100 g Himbeeren und Blaubeeren
200 g Erdbeeren
100 g gehackte Walnüsse
80 g brauner Zucker
200 ml Schlagsahne
4 cl Aquavit
Salz

Zubereitung:

Die Früchte waschen und putzen, die Erdbeeren vierteln. Alle Früchte in eine Schüssel geben, mit dem Aquavit übergießen und umrühren. 2 Stunden lang im Kühlschrank durchziehen lassen. Danach die Walnüsse unterheben.

Die Eier in Eiweiß und Eigelb trennen. Die Eigelbe zusammen mit dem Zucker mit dem Mixer schaumig aufschlagen. Die Eiweiße mit einer Prise Salz sehr steif schlagen und danach vorsichtig unter die Eigelbmasse heben. Nun die Masse über die Aquavit-Früchte geben. Die Sahne steif schlagen und gleichmäßig darüber verteilen. Mindestens 3 Stunden lang im Kühlschrank durchziehen lassen.

Allein in Lofoten – Überleben unter dem Polarlicht

In der nächsten Nacht unserer Hurtigrutenfahrt stehen wir wieder gemeinsam mit Harald am Bug der Nordnorge. Soeben laufen wir aus dem Hafen von Svolvær aus, dem Hauptort der Lofoten-Inseln. Dichte graue Wolken haben sich hoch über den abenteuerlich gezackten Bergspitzen zusammengeballt, die sich in endloser Kette bis zum Horizont aneinanderreihen wie die fransige Litze am Rocksaum einer sinisteren Magierin. In der Ferne leuchtet ein rot-goldenes Band zwischen Wolkendecke und Inselbergen, dort, wo die Mitternachtssonne mit der zunehmenden Bewölkung um die Vorherrschaft am sommerlichen Nachthimmel ringt. Die bronzene Fischersfrau, die die Hafeneinfahrt von Svolvær bewacht, schickt uns noch einen stummen Gruß hinterher, als wir unsere Fahrt in den Norden fortsetzen. In windgepeitschter Haltung steht sie mit ihrer dramatischen Gestik stellvertretend für alle Fischersfrauen, deren Männer auf See geblieben sind.

Stille liegt über den einsamen, wild zerklüfteten Küsten, an denen wir nun vorbeifahren. Schären ragen aus dem Wasser wie die Buckel steinalter Wale. Schnee klebt hoch oben zwischen den Bergfelsen, als wolle er mit eindringlicher Penetranz daran erinnern, dass der Winter die Regionen nördlich des Polarkreises selbst jetzt im Juli nie ganz verlässt. Immer bedrohlicher ballen sich die Wolken über uns zusammen und malen eine fremdartige Welt mit einer Palette, die nur die dunkelsten Grautöne zu kennen scheint. Langsam, aber sicher beginnen die Schwaden tiefer zu sinken und tauchen die ersten Berggipfel in diffuse Schleier. Es scheint, dass die Mitternachtssonne ihren Kampf für heute Nacht verloren hat.

Da plötzlich wird Harald ganz aufgeregt. „Dort", ruft er und zeigt wild gestikulierend in Richtung Küste, „dort ist es! Ich habe es entdeckt!" Verwundert suche ich die Küste ab, da wo er hinzeigt. Ich sehe zunächst nur die Felsen, von Wetter, Meer und Zeit in bizarre Skulpturen verwandelt. Flechten, Moose, ein paar Büsche und Nadelbäume haben sich dazwischen ein Plätzchen erfochten, und im Hintergrund türmt sich ein mächtiger Bergkegel auf. Doch vorne, ganz unten am Ufer, lugt ein kleines rotes Häuschen zwischen den turmhohen Felszacken hervor. Fast verlegen scheint es sich zwischen ein paar Fichten und einen mächtigen Felsklotz zu ducken, als hoffe es inständig darauf, nicht entdeckt zu werden. Es ist so klein und unscheinbar, dass es mir verborgen geblieben wäre, wenn Harald nicht so vehement darauf aufmerksam gemacht hätte.

„Ich habe es wahrhaftig entdeckt!", wiederholt er noch einmal, jetzt ruhiger, und in seiner Stimme schwingt Zufriedenheit mit. Dann bemerkt er meinen fragenden Blick und lacht. Nun wird es aber höchste Zeit, dass er mich endlich aufklärt!

Das kleine Haus liegt fernab von allen Siedlungen und ist auf dem Landweg nicht zu erreichen. Man braucht schon ein Boot, wenn man dorthin möchte. Es gibt keinen Strom, kein fließendes Wasser und auch sonst nicht viel, was für Bequemlichkeit sorgen könnte. Doch gerade deshalb hat sich ein norwegischer Fernsehjournalist dazu entschlossen, in diesem Haus ein ganzes Jahr zu verbringen, gemeinsam mit seiner

Frau und den beiden Kindern. Er wollte herausfinden, wie es ist, als Selbstversorger in Lofoten zu leben.

Ich denke an Thor Heyerdahl, seine Frau und beider Begeisterung für das einfache Leben als Selbstversorger. Doch ist ein solches Experiment wohl ungleich leichter zu bewerkstelligen, wenn man sich auf einer tropischen Insel befindet, sich mit der dortigen Vegetation auskennt und nur mal eben in den Busch gehen muss, wo dem Hungrigen die Früchte quasi in den Mund wachsen. Aber wie um alles in der Welt schafft man das hier, in dieser unwirtlichen Umgebung? Und dann auch noch im Winter?

Besonders leicht sei es wohl nicht gewesen, meint Harald, der die Reportage des Journalisten gesehen hat. Immerhin wachsen um das Haus herum Bäume, was es dem Mann ermöglichte, Brennholz zu schlagen. Das ist gar nicht so selbstverständlich, wie man denken könnte, denn jahrhundertelang war Lofoten völlig kahl. Lofoten ist übrigens eine Region, erklärt mir Harald bei dieser Gelegenheit. Das Wort steht nicht im Plural, deshalb ist es nicht richtig, von „den" Lofoten zu sprechen. Es heißt einfach nur „Lofoten", und die Betonung liegt dabei auf der ersten Silbe. In der alten Sprache des Nordens bedeutet das „Luchsfuß".

Seit rund 6.000 Jahren leben Menschen hier, die „Lofotværinger", und obwohl das Klima dank des Golfstroms einigermaßen mild ist, brauchten sie natürlich jede Menge Holz, um Hütten und Schiffe zu bauen, um zu heizen, zu kochen und auch, um Gestelle zum Trocknen von Fischen zu bauen. Zur Wikingerzeit herrschte reges Leben auf den 80 Inseln von Lofoten, zumindest auf den Ostseiten der größeren, die durch ihre Berge gut vor Wetterunbill geschützt sind.

Auf der Insel Vestvågøy hat man eine der Wikingersiedlungen ausgegraben, erzählt Harald. Sie liegt auf einem Hügel, der steil zu den Fjorden abfällt. Diese Fjorde konnten ortsunkundige Seeleute nur schlecht befahren, denn im Untergrund lauerten tückische Felsen. So genoss die Siedlung guten Schutz vor feindlichen Übergriffen. Mehr als 100 Höfe gruppierten sich zu dem Ort Borg zusammen, und rund 1.800 Menschen fanden dort Platz. Bei Ausgrabungen entdeckte man hunderte von Gegenständen, darunter Messer und Nägel, Spinnräder und Keramiken, aber auch Perlen, Goldschmuck und viele Scherben von Gläsern, die aus dem südlicheren Europa importiert wurden. Ein Langhaus hat man für das Wikingermuseum von Borg rekonstruiert, es erstreckt sich über mehr als 80 Meter und ist bis zu neun Meter breit. In diesem riesigen Gebäude lebten Menschen und Vieh unter einem Dach zusammen. Die Siedler brauchten natürlich auch beachtliche Mengen von Holz. Deshalb war ganz Lofoten eines Tages völlig kahlgeschlagen. Und junge Bäume hatten keine Chance, denn das Vieh weidete jeden Sprössling unverzüglich ab, sobald er seine ersten zarten Triebe entfaltete.

Seit man damit begonnen hat, stellenweise wieder aufzuforsten und überall auf den Inseln die Vegetation zu schützen, hat sich der Baumbestand wieder ganz gut erholt. So gab es zumindest Brennholz für das Projekt des Journalisten, und Wasser lieferten die klaren Bächlein an den Felshängen. Es regnet ja oft genug, und im Winter konnte die Familie Schnee schmelzen. Außerdem hatten sie zwei Ziegen, die sie mit Milch versorgten. Natürlich musste man zeitig damit beginnen, für deren Winterfutter zu sorgen. Dazu sammelte die Familie den Tang, der bei Niedrigwasser an der Küste zurückbleibt, eine Methode, welche die Lofotenbauern seit Jahrhunderten anwenden. Der Tang wird getrocknet und geschützt eingelagert.

Außerdem pflanzten sie Wurzelgemüse und Kartoffeln. Sie nutzten Frühjahr und Sommer, um wilde Beeren zu sammeln. Auf den Lofoten-Inseln wachsen Schwarze Krähenbeeren, Blaubeeren, Preiselbeeren und Moltebeeren. Dazu gibt es zahlreiche Kräuter, Pilze sowie essbaren Tang. Und natürlich Muscheln und Fisch.

Das ist ein etwas dürftiger Speiseplan. Um ihn zu bereichern, versuchte der Journalist sich an einem anderen alten Brauch der Lofotværinger: Er schaffte sich einen Lundehund an. Diese nur 30 bis 40 Zentimeter großen Spitzhunde sind außerordentlich flink, gelenkig und jagdlustig. Eine besondere Anatomie ermöglicht es ihnen, beide Vorderläufe im rechten Winkel seitlich vom Körper wegzustrecken und den Kopf nach hinten bis auf die Wirbelsäule zurückzulegen. Sie können beim Buddeln ihre Ohren verschließen, sodass Sand und Erde nicht hineingeraten. Damit es mit dem Graben auch richtig gut klappt, haben Lundehunde an den Vorderpfoten zwei Zehen mehr als andere Hundearten, an den Hinterpfoten jeweils einen. Das macht sie zum idealen Begleiter auf der Jagd nach Papageientauchern („lunde"), Tordalken und Trottellummen. Diese Vögel galten seit jeher als höchst willkommene Abwechslung auf dem Teller. Und weil die Lundehunde bis zu acht Zähne weniger als andere Hunde haben, können sie die Vögel problemlos unverletzt aus ihren Höhlen holen.

Besondere Verbreitung fanden die Lundehunde auf Røst und Værøy. Diese in etliche kleine bis kleinste Eilande zersplitterten Inselgruppen von Lofoten sind berühmt für ihre großen Vogelfelsen, vieltausendfach bevölkert von Scharben, Kormoranen, Eissturmvögeln, Sturmschwalben, zahlreichen Möwen- und Entenarten sowie den in Lofoten recht verbreiteten Seeadlern. Und natürlich den begehrten Speisevögeln.

Irgendwann gingen die Lofotværinger allerdings dazu über, die Vögel mit Netzen zu fangen. Das vergrößerte nicht nur die Ausbeute, es machte auch die Lundehunde überflüssig.

Ihrer Aufgabe entledigt, begannen sie herumzustreunen und entwickelten sich zur Plage. Schließlich griff die Regierung mit der Einführung einer drastischen Hundesteuer ein. So kam es, dass fast alle Lundehunde verschwanden. Vielleicht wäre die uralte Rasse ganz ausgestorben, wenn sich nicht eine Liebhaberin gefunden hätte, die 1938 vier Exemplare kaufte und damit eine kleine Zucht begann. Diese entwickelte sich zur Stammfamilie der etwa 600 Lundehunde, die es heute wieder in Norwegen gibt und die meist als Familienhunde gehalten werden. Denn die Zeit der Vogeljagd ist längst vorbei.

Nicht nur die Vögel selbst, auch ihre Eier bereicherten früher den Speisezettel der Lofotværinger. Damit konnten sie den Bestand der Population aber nie ernsthaft gefährden. Dass besonders die Papageientaucher heute in großer Gefahr sind, ist der Überfischung geschuldet. Es heißt, ihr Bestand habe sich innerhalb der letzten Jahre halbiert. Viele Jungvögel verhungern, weil die Elterntiere nicht mehr genug Nahrung herbeischaffen können.

Fisch ist seit jeher die Lebensgrundlage auf den Lofoten-Inseln gewesen. Davon und von der Bedeutung des Stockfischs haben wir bereits gehört. In alten Geschichten wird erzählt, dass die See in den Wintermonaten vor Fischen regelrecht kochte, weil sie sich dicht an dicht in den Fluten drängten. Da brauchten die Fischer nur ihre Hände auszustrecken, um reiche Beute zu machen.

Ihr Leben stellte sich trotzdem nicht gerade einfach dar. Fischer, die aus dem Süden kamen, um während der Wintermonate in den Lofoten-Gewässern zu fischen, verbrachten die eisigen Nächte unter ihren kieloben an den Strand gelegten Booten. Eines Tages, so weiß eine alte Legende, kam König Øystein auf einer Reise vorbei und sah das Elend der Fischer. Voller Mitleid ordnete er den Bau einfacher Schutzhütten an, um den Männern ein menschenwürdiges Unterkommen zu ermöglichen.

Zweckmäßigerweise standen diese Holzhütten direkt am Meer, und um sie vor hohen Wellen zu schützen, wurden sie auf Stelzen gebaut. Dann erhielten sie noch den typischen rotbraunen Anstrich aus Tranfarbe, und fertig waren die „Rorbuer", so der Name dieser Hütten. Es heißt, dass König Øysteins erster Bauauftrag 900 Jahre zurückliegt, seit damals lebten die Fischer in solchen Hütten. Mehrere Männer teilten sich eine Behausung, und oft mussten sie dafür Miete bezahlen. Deshalb gingen manche Fischer dazu über, ihre Boote mit abnehmbaren Kajüten zu versehen, die während der Fangsaison am Strand als Rorbu dienten. Das Wort setzt sich aus „ro" für „rudern" und „bu" für „wohnen" zusammen. Seit es immer weniger Fischer gibt, weil industrielle Fangflotten ihre Fischgründe plündern, werden die Häuschen gerne von Touristen gemietet. Obwohl es auch heute noch ein paar tausend Fischer auf den Lofoten-Inseln gibt, leben doch mehr und mehr Menschen vom Tourismus.

Der Journalist und seine Familie hätten ohne den Fischfang nicht überleben können. Und nach alter Tradition trockneten auch sie in den Wintermonaten ihren Fang an einem Holzgestell in der kalten Luft. Zu dieser Zeit hat sich die Sonne längst verabschiedet und ist für Monate unter den Horizont abgetaucht. Aber trostlos ist die lange Polarnacht auf den Lofoten-Inseln keineswegs. Besser als in den meisten anderen Gegenden lassen sich hier nämlich die zauberhaften Nordlichter beobachten.

Verursacht wird die Aurora borealis von elektrisch geladenen Teilchen, die entlang des Erdmagnetfeldes in die oberste Schicht der Atmosphäre eindringen, und der Effekt tritt besonders dann auf, wenn es zu heftigen Sonnenstürmen kommt.

Während den Bewohnern im südlicheren Europa die dort eher seltenen Himmelserscheinungen in früheren Zeiten Angst und Schrecken einjagten, wussten die Wikinger das nächtliche Leuchten sehr zu schätzen. Bot es ihnen doch ein äußerst nützliches Wegelicht.

Und vielleicht ist die Magie der Polarlichter nirgends von solch überwältigender Kraft wie auf den Inseln von Lofoten. In solchen Nächten ragen die gezackten Bergspitzen über dem winterdunklen Meer in den tiefblauen, sternefunkelnden Samt des Himmelszelts, die Lichter der Siedlungen erstrahlen über den schneeweißen Stränden, während darüber ein feenhaftes Ballett aus türkis leuchtenden Schleiern über das Firmament tanzt. „Unbeschreiblich schön ist das", meint Harald. „Aber trotzdem ist die Journalistenfamilie wohl recht froh gewesen, als das schwierige Experiment zu Ende ging", fügt er grinsend hinzu, während das einsame Haus längst hinter einem Felsvorsprung verschwunden ist.

Potetsuppe fra Lofoten – eine Kartoffelsuppe aus Lofoten

Zutaten für 4 Personen:

500 g Kartoffeln (mehlig kochend)
¼ Sellerieknolle
100 g milder Ziegenschnittkäse (am besten natürlich Himmeltind aus Lofoten)
2 Schalotten
50 g Butter
4 frische Stängel Liebstöckel
1 l Gemüsebrühe
Salz
Pfeffer

Zubereitung:

Die Kartoffeln, die Schalotten und den Sellerie schälen und würfeln. Die Butter in einem Topf zerlassen und die Schalotten darin glasig dünsten. Im Anschluss Kartoffeln und Sellerie hinzugeben und kurz mit anbraten. Mit der Gemüsebrühe ablöschen, aufkochen, salzen, pfeffern und bei mittlerer Hitze 30 Minuten lang köcheln lassen.

Den Ziegenkäse reiben. Die Liebstöckelblättchen abzupfen und grob hacken. Nun die Suppe mit dem Pürierstab pürieren, danach Ziegenkäse und Liebstöckelblättchen unterrühren. 5 Minuten bei ganz schwacher Hitze ziehen lassen, dann mit Flatbrød (Rezept s. Seite 46) servieren.

71° 10' 21" – im hohen Norden

Warum ist die Leiterin unserer Tour zum Nordkap eine Deutsch sprechende Thailänderin aus Honningsvåg?

Die Antwort auf diese scheinbar diffizile Frage beginnt mit einer Geschichte, die sich im Sommer des Jahres 1907 ereignet. An einem sonnigen Morgen macht die Jacht Albion an der Pier von Honningsvåg auf der Insel Magerøya fest. Viele der Bewohner des Örtchens haben sich an der Kaimauer versammelt, um dem Spektakel beizuwohnen.

Eigentlich ist es nichts Besonderes, dass ein Schiff in Honningsvåg anlegt. Schließlich erfreut sich der kleine Hafen in Finnmark damals schon seit rund 40 Jahren einer recht großen Bedeutung. Denn die Hamburgroute erkor ihn zum Anlaufpunkt, und seit Kurzem kommen jetzt die Hurtigrutenschiffe auf ihrem Weg nach Kirkenes hier vorbei. Im Hafen von Honningsvåg bekommen Handelsschiffe, Frachter, Wal- und Seehundfänger alle nötigen Serviceleistungen angeboten, vom Einkauf erforderlicher Dinge wie Wasser, Kohle, Öl und Lebensmitteln über medizinische Versorgung bis hin zu eventuell nötigen Schiffsreparaturen. Der Fischerort an der geschützten Hafenbucht im Süden von Magerøya blüht in diesen Jahrzehnten spürbar auf. Einen zusätzlichen Impuls bringt der Anschluss an die Straßenverbindung nach Südnorwegen, der nach langen Diskussionen im Jahr 1902 endlich erfolgt. Erstmals kann man Honningsvåg nun auch auf dem Landweg erreichen.

Die hübsche Jacht, die heute vor Honningsvåg festmacht, ist aber von Kopenhagen aus über das Wasser gekommen. Warum legt das vornehme Boot an diesem Versorgungs- und Fischereihafen an? Honningsvåg liegt nördlich der Baumgrenze, nur mit äußerster Zuwendung gelingt es Gartenbesitzern, im Schutz der Hauswände einzelne Exemplare am Leben zu erhalten. Ringsum gibt es nichts als kahle, windumtoste Hänge, nur die bunten Häuschen sorgen für Abwechslung in dem rauen, ewig gleichen Bild. Sie wirken auf rätselhafte Weise unwirklich, als habe ein Modellbauer sie gut gelaunt am Hang platziert und danach vergessen, die umliegende Landschaft zu gestalten.

Doch es gibt einen Grund, aus dem Honningsvåg über eine bloß profane Bedeutung hinauswachsen konnte. Denn auf der Insel Magerøya befindet sich der nördlichste Punkt von Europa, das Nordkap.

Wenn man es ganz genau nimmt, stimmt das zwar nicht. Eine abgelegene Felsspitze auf der etwas weiter östlich gelegenen Nordkinnhalbinsel liegt noch ein kleines Stück weiter im Norden, man muss allerdings 24 Kilometer durch unwegsames Gelände zu Fuß zurücklegen, um dorthinzukommen. Und selbst die nahe Landzunge Knivskjellodden auf der Insel Magerøya liegt knapp anderthalb Kilometer nördlicher als das Nordkap. Der Fußweg dorthin ist zwar nur acht Kilometer lang, aber kaum gekennzeichnet und außerdem recht beschwerlich. Es grenzt wohl an Haarspalterei, darauf hinzuweisen, dass es außerdem ein paar weiter nördlich gelegene Inseln gibt, die ebenfalls noch zu Europa zählen. Denn dort kommt der gewöhnliche Reisende ja sowieso nicht hin.

Ganz anders aber ist es mit dem Nordkap. Seit 1956 führt die Europastraße 69 fast direkt bis an die äußerste Kante, wo die Klippe zur Barentssee 300 Meter geradewegs in die Tiefe abstürzt. Seit 1999 ist Magerøya sogar durch einen Straßentunnel mit dem Festland verbunden, sodass keine Fährüberfahrt mehr nötig ist. Überall in Norwegen erleichtern immer mehr Tunnel und Brücken das Reisen zwischen Inseln und Fjorden. In den ersten Jahren fallen Mautgebühren an, sie entfallen aber, sobald die Baukosten durch die Einnahmen gedeckt sind.

Doch selbst im Jahr 1907 kann man das Nordkap schon recht gut erreichen, vorausgesetzt, man ist dazu bereit, ein paar Beschwernisse in Kauf zu nehmen. Der hohe Gast, der an diesem Sommertag die Jacht Albion von Honningsvåg weiter bis in die Bucht Hornvika lenken lässt, ist dazu wild entschlossen. Von dieser Bucht aus kann man das 300 Meter höher liegende Nordkap nämlich über einen Steilpfad erklimmen.

Der Name des Besuchers lautet Chulalongkorn, und weil das für nordische Zungen ein bisschen kompliziert ist, darf man ihn auch Rama V. nennen. Obwohl er am Nordkap mit dunklem Gehrock und Zylinderhut durchaus in zeitgemäßem europäischem Schick daherkommt, umweht ihn doch ein Hauch von fremdländischer Exotik. Denn er ist kein Geringerer als seine Majestät, der König von Siam.

Chulalongkorn, der von 1868 bis zu seinem Tod im Jahr 1910 über Siam, das heutige Thailand, herrschte, machte sich einen Ruf als großer Reformer. Um der Bedrohung durch die Kolonialmächte Frankreich und Großbritannien entgegenzuwirken, verstärkte er das Einheitsgefühl in seinem bis dahin eher diffus zusammengesetzten Staatsgebilde. Er modernisierte die Infrastruktur, die Justiz und das Bildungswesen, außerdem schaffte er die Leibeigenschaft ab. Das alles machte ihn zu einem guten Herrscher, auch wenn die Regierungsgeschäfte ihm nicht immer leichtfielen. Denn schon im Alter von 15 Jahren hatte er sich mit Malaria infiziert.

1897 besuchte der König im Rahmen eines Staatsbesuchs erstmals Europa, die Reise führte ihn unter anderem nach Italien, in die Schweiz und die Beneluxländer, nach Frankreich, Großbritannien, Deutschland, Polen und Russland. Dabei stellte der König fest, wie gut ihm das europäische Klima bekam, und deshalb entschloss er sich zehn Jahre später zu einer zweiten, rein privaten Europareise. Dieses Mal nahm er auch Skandinavien ins Visier, dessen kühles Klima ihm besonders reizvoll erschien. Warum aber kam er bis in den äußersten hohen Norden des Kontinents?

Die Klippenkante an der Grenze zwischen Europäischem Nordmeer und Barentssee kannten Seefahrer schon lange. Ihren Namen gab ihr 1553 ein englischer Kapitän, der vergeblich in der Polarregion herumcruiste, um eine Nordostpassage nach China ausfindig zu machen. Der zweite ausländische Pionier unter den Nordkapreisenden war ein Priester aus Ravenna, der 1664 ganz alleine bis zum Nordkap marschierte. Er wollte dabei herausfinden, ob und wie ein Überleben so hoch im Norden möglich sein würde. Gut 100 Jahre später kam ein französischer Prinz auf der Flucht vor der Revolution in seiner Heimat. Es folgten ein paar Einzelreisende und schließlich 1845 das erste Kreuzfahrtschiff mit Touristen. 1873 erschien äußerst werbewirksam König Oskar II., der in Personalunion über Schweden und Norwegen herrschte. Reisen zum Nordkap kamen in der besseren Gesellschaft groß in Mode, sie galten als Dernier Cri für die Elite der damaligen Zeit.

Einen wichtigen Meilenstein setzte Carl Vogt. Der deutschschweizerische Naturkundler und Politiker fiel zwar neben wichtigen wissenschaftlichen Erkenntnissen auch durch seine rassistischen und sexistischen Ansichten auf. Doch am Nordkap, das er 1863 im Rahmen einer Fjordfahrt besuchte, rief er eine Tradition ins Leben, die bis heute wachgehalten wird.

Er feierte die Ankunft auf den Klippen mit Champagner und Kaviar, und seit dieser Zeit tut es ihm nach, wer es sich leisten kann. Bei den Preisen in der Nordkaphalle, die Besucher auf dem Hochplateau empfängt, mag sich das allerdings so mancher zweimal überlegen.

Doch kehren wir noch einmal zurück zu König Chulalongkorn. Auch er besuchte das Nordkap, weil es zu den angesagtesten Zielen seiner Zeit gehörte. Dennoch stellte die Visite des Herrschers eines so fremdartigen Landes wie Siam natürlich ein außerordentliches Ereignis dar. Etliche Bewohner der Insel Magerøya kamen, um einen Blick auf den siamesischen König zu werfen. Am Nordkap erinnern nicht nur ein Gedenkstein, in den das Datum des Besuchs und die Signatur des Königs eingemeißelt sind, sondern auch ein Thai-Pavillon mit Kunstgegenständen aus Siam noch heute an den hohen Gast.

Natürlich schlug der Besuch des Königs an der Nordspitze von Europa auch daheim in Siam hohe Wellen. Für die Menschen dort wirkte Norwegen nicht minder exotisch als umgekehrt das ferne Siam für die Europäer. So kam es, dass das Nordkap in Siam und später in Thailand zum Sehnsuchtsziel einer Traumreise avancierte.

Damit schließt sich der Kreis und wir kehren zurück zu der Reiseleiterin aus Honningsvåg. Auch sie träumte vor vielen Jahren daheim in Thailand davon, einmal in den hohen Norden Europas zu fahren. Als sie dann in den Achtzigerjahren in Deutschland studierte, da nutzte sie die Gelegenheit, sich ihren Wunsch zu erfüllen. An dieser Stelle griff das Schicksal ein, sie verliebte sich in einen Mann aus Honningsvåg und blieb. Jetzt wissen wir, warum es an diesem abgelegenen Ort eine Thailänderin gibt, die Deutsch spricht.

Die etwas mehr als 30 Kilometer lange Fahrt von Honningsvåg zum Nordkap verkürzt sie mit Informationen über ihre Wahlheimat. Wir erfahren, dass auf der Insel rund 3.100 Menschen leben, die meisten davon in Honningsvåg. Die kleine Stadt blüht, weil natürlich alle Kreuzfahrtschiffe dort Halt machen. Schließlich möchte niemand den obligatorischen Ausflug zum Nordkap verpassen. Und obwohl nicht mehr als knapp 2.500 Menschen in Honningsvåg leben, hat der Ort Stadtrechte. Das verdankt er einer Änderung der entsprechenden Gesetzeslage vor nicht allzu langer Zeit. Seitdem können norwegische Ortschaften die Stadtrechte beantragen, sofern sie mindestens 2.000 Einwohner zählen. Und alle haben das sofort getan, manche Gemeinden haben sich sogar eigens zu diesem Zweck zusammengeschlossen. Denn nur in Städten dürfen sich die staatlichen Monopolläden niederlassen, die als einzige alkoholische Getränke verkaufen.

Wer hier im Norden damit ein außergewöhnliches Gericht hinunterspülen möchte, der lässt sich eine rote Königskrabbe vorsetzen, die vielleicht bemerkenswerteste Spezialität der Barentssee und des Nordmeers. Eigentlich ist das monströse Krebstier mit seiner Beinspannweite von bis zu 180 Zentimetern ein Geschöpf des Nordpazifiks. Doch Stalin und sein Nachfolger Chruschtschow ließen die Tiere im Meer vor Murmansk ansiedeln, um die Versorgungslage der dortigen Bevölkerung zu verbessern. Königskrabben sind nämlich ausgesprochen schmackhaft.

Und nicht nur das, weil sie kaum natürliche Feinde haben, verbreiten sie sich auch schnell. Mittlerweile findet man die Neozoen sogar schon vor den Inseln von Vesterålen und Lofoten. Nur erwachsene männliche Tiere dürfen gefangen und verzehrt werden, denn inzwischen weiß man die Riesenkrabben in Norwegen zu schätzen. Deshalb wird für den Erhalt ihrer Population gesorgt, auch wenn es Bedenken von Umweltschützern gegen die Einwanderung der „Stalinkrabben" gibt. Natürlich existieren auch in den Gewässern rings um die Insel Magerøya reiche Vorkommen der Tiere.

Zwei Monate dauert die völlige Dunkelheit der Polarnacht hier auf Magerøya, erzählt die Thailänderin. Wenn die Sonne am 22. Januar zum ersten Mal für wenige Minuten wieder über den Horizont blitzt, dann haben die Kinder schulfrei und die Menschen feiern ausgelassen. Der nächste besondere Tag ist das Papageientaucher-Fest am 14. April, denn genau zu diesem Termin kehren alljährlich eine Million Papageientaucher von ihren südlicher gelegenen Überwinterungsplätzen zurück. Es ist ein gewaltiges Naturspektakel.

Den Sommer verbringen die Bewohner der Insel dann im Ferienhaus. In Norwegen besitzt fast jede Familie ein solches Haus, und sei es nur ein paar Kilometer von daheim entfernt. Und abgehärtet, wie sie sind, nehmen die Sommerfrischler von Magerøya dann am einladend schönen Sandstrand von Trollholmen ein Bad im Skipsfjord. Die Wassertemperatur erreicht allerdings auch im Hochsommer nicht viel mehr als zwölf Grad.

Unterwegs machen wir noch einen Zwischenstopp bei einem Samen, der, als der Reisebus in die Parkbucht steuert, eilends sein Rentier an die Leine nimmt, die zipflige Mütze seiner Kofta-Tracht zurechtrückt und sich fotogen vor einem Zelt mit blauer Kunststoffplane aufbaut. Seine Frau verkauft unterdessen Souvenirs im nebenliegenden Gebäude, lauter Dinge aus Rentierfell, dazu Stofftiere, Norwegerpullis und allerhand Klimbim. Und wenn sich am Abend die letzten Touristen verzogen haben, kehren beide zurück in das Wohnhaus auf der gegenüberliegenden Straßenseite, vor dem ein Geländewagen parkt. Wer möchte schon heutzutage noch am Nordkap in einer spärlich beheizten Zelt-Kote leben?

Dann endlich haben wir das Nordkap erreicht. Von den Wolken, die sich am Vortag über Lofoten zusammenzogen, ist inzwischen die ganze Welt verschlungen. Nichts ist zu sehen von Klippen und Nordmeer, nur die moderne Kaphalle pellt sich allmählich aus dem dichten Nebeldunst. Hier wird den 200.000 Besuchern, die alljährlich das Nordkap besuchen, so einiges geboten, von der Media-Show über Restauration, Kapelle, Ausstellungen und Souvenirs bis hin zum Postamt mit Sonderstempel. Irgendwie müssen ja die Gäste an den Tagen Trost finden, an denen man das Ziel der Reise nicht sehen kann. Und das kommt gar nicht so selten vor.

Wir kämpfen uns durch Sturmböen, Nieselregen und dichten Dunst bis zu dem stilisierten Globus vor, dessen Stahlringe die Längen- und Breitengrade der Erde zeigen und der seit 1978 das Plateau auf dem Nordkapfelsen ziert. Mehr zu sehen ist unmöglich, alles andere bleibt an diesem Julitag in den Wolken verborgen. Doch zum Glück gibt es ja noch die Champagnerbar in der Nordkaphalle.

Reker i dillsaus – Garnelen in Dillsauce

Zutaten für 4 Personen:

500 g küchenfertige Garnelen
300 g Sauerrahm („Setersrømme“, Créme fraiche)
300 ml Gemüsebrühe
½ Bd. Dill
2 El Senf
½ El Rohrzucker
1 Zitrone
Salz, Pfeffer

Zubereitung:

Die Gemüsebrühe in einem kleinen Topf aufkochen, dann die Hitze reduzieren, die Garnelen hineinlegen und 5 Minuten lang bei schwacher Hitze köcheln lassen. Den Dill waschen, trockenschleudern, die Spitzen abschneiden und fein hacken. Den Sauerrahm mit dem Senf, dem Rohrzucker und der Hälfte des Dills verrühren, salzen und pfeffern.

Die Garnelen abtropfen und unter den Dillrahm heben. Auf vier Portionsschälchen verteilen und mit dem restlichen Dill bestreuen. Die Zitrone in acht Spalten schneiden und zwei zu jedem Garnelenschälchen reichen.

Dazu gibt es Flatbrød (Rezept s. Seite 46).

Landschaft, Kirchen, Nervenkitzel – ein Abstecher ins Setesdal

Von Honningsvåg geht es entlang der finnmarkischen Küste durch die Barentssee weiter in Richtung Kirkenes. Auch wenn die Hurtigrutenschiffe bis zum Ziel noch sieben kleine Häfen mit bunten Holzhäusern anlaufen, spürt man doch deutlich, dass Finnmark die am spärlichsten besiedelte Region von Norwegen ist. Weite, leere Küsten steigen steil aus dem bleigrauen Meer, abweisende Hänge voller Geröll, trotziger Schneefelder und scharfzackiger Abbruchkanten, alles gekrönt durch einen Hauch von trübem Grün.

Noch immer hängen die Wolken tief, und mit ihren eng beieinanderliegenden Schluchten wirken manche Klippen wie die Füße gigantischer Saurier, deren Körper weit in das feuchtkalt wabernde Nebelreich hineinragen. Und wer weiß, vielleicht reichen ihre Köpfe darüber hinaus in eine lichte, sonnengeflutete Welt.

Über wild aufgeworfenen Gesteinsschichten tosen Wasserfälle hinab zu einsamen Stränden, aus denen Felszinnen ragen wie die Schuppenkämme versunkener Drachen. Dahinter lassen sich die ausgedehnten Flächen der baumlosen Tundralandschaft des Fjell erahnen. Keine Menschenseele gibt es in dieser Wildnis, außer uns Vorbeireisenden nur Vögel und eine Schule von Weißschnauzendelfinen, die im Kielwasser unseres Schiffes auf der Jagd nach aufgewirbelten Fischen so filmreife Sprünge vollführen wie einst Flipper, der Freund aller Kinder.

Wieder einmal steht Harald neben uns und teilt unsere begeisterte Freude an der ungezähmten Natur. Harald kennt alle Regionen, an deren Küsten wir vorbeigefahren sind, von Land aus, doch dies ist seine erste Fahrt mit einem Hurtigrutenschiff. Auch er hat sich mit der Reise einen Traum erfüllt. Doch als wir an diesem Nachmittag gemeinsam an der Reling stehen, da schleicht sich ein bisschen Wehmut herbei und gesellt sich zu uns. Denn unsere gemeinsame Zeit an Bord der Nordnorge neigt sich dem Ende zu. In Kirkenes wird Harald von Bord gehen und nach Oslo fliegen, um mit dem Zug in seine Heimat Setesdal zurückzukehren. Ich bitte ihn, mir ein bisschen davon zu erzählen, und seine Augen bekommen einen träumerischen Glanz.

Setesdal, die Landschaft nördlich der Stadt Kristiansand, ist so ganz anders als die raue Polarregion, die wir durchfahren. Dichte Wälder schmiegen sich an sanfte Hügelkuppen, Holzhäuser mit Grasdächern liegen inmitten von grünen Wiesen, üppig blühen ganze Felder prächtiger Lupinen vor blau leuchtenden Seen. Es ist die malerische Seite von Norwegen, fast lieblich und wie ein Bilderbuch der Norwegen-Klischees.

Dabei dürfen natürlich die Elche nicht fehlen, Setesdal ist voll davon, und wenn man die geeigneten Stellen kennt, lassen sie sich gut beobachten. Obwohl Jahr für Jahr fast 2.000 Elche ihr Leben auf norwegischen Straßen lassen, haben die Tiere keine Angst vor Motorgeräuschen. Sie ergreifen erst die Flucht, wenn man aussteigt und sie Witterung aufnehmen.

„Deshalb muss man bei uns besonders in der Dämmerung vorsichtig fahren“, meint Harald. „Elche sind die größten Hirsche der Welt, sie erreichen locker eine Schulterhöhe von 1,80 Metern und wiegen ein paar hundert Kilo. Wer will schon, dass ihm solch ein Kaventsmann vor die Motorhaube läuft?“

In Regionen wie Setesdal haben Elche außer dem Menschen keine natürlichen Feinde, weil es weder Bären noch Wölfe gibt. Welche Probleme Wölfe und Norweger im Zusammenleben haben, wissen wir schon, und auch Bären haben es nicht leicht. Gibt es in Schweden rund 3.000 Exemplare, so existieren in Norwegen weit weniger Tiere, manche davon sind auch nur Grenzgänger, die auf ihren Wanderungen norwegisches Territorium passieren. Es gibt dementsprechend mehr Bären, je näher man der schwedischen Grenze kommt. Allerdings, sagt Harald, haben Schweden und Norwegen die am stärksten wachsende Population von Braunbären auf der ganzen Welt.

Doch darüber braucht sich keine Gedanken zu machen, wer von Brokke im Setesdal Richtung Westen fährt. Stattdessen sollte er Zeit mitbringen, sagt Harald. Denn hier gibt es seit 1990 eine Passstraße mit atemberaubenden Aussichten, den Suleskarvegen. Über eine schmale Piste mit zahllosen Kurven geht es bis in eine Höhe von 1.050 Metern hinauf, das macht den Suleskarvegen zur höchstgelegenen Straße im ganzen südlichen Norwegen. Dabei durchfährt man eine großartige Hochgebirgslandschaft, und markierte Wege mit Schutzhütten laden dazu ein, sie noch näher zu erkunden.

„Apropos Hütten“, unterbricht Harald seine Schilderung, „die ganz einfachen davon heißen bei uns Hytte, sind aus Holz und haben oft ein Dach aus Grassoden, weil das gut vor Kälte schützt. Diese Hytten können den meisten von uns nicht abgelegen genug sein, du weißt ja, wir lieben die Einsamkeit in der Natur.“ Ich erinnere mich an die vielen winzigen Häuschen, an denen wir auf unserer Seereise vorbeigekommen sind. Etliche davon liegen völlig isoliert und sind nur mit dem Boot zu erreichen.

„Holz ist natürlich das beliebteste Baumaterial“, fährt Harald fort. „Davon haben wir ja genug.“

Traditionell erhielten die Holzhäuser einen Anstrich aus mit Tran versetzter Schlammfarbe. Doch selbst dieser einfache Schutzfilm stellte einen Luxus dar. Bis zum 12. Jahrhundert kannten norwegische Häuser überhaupt keine Tünche, erst dann kam allmählich der Gebrauch von Teerfarbe auf. Aber noch lange nicht für jedermann, nur die Lagerhäuser wohlhabender Kaufleute wurden mit solch einem Anstrich versehen, und außerdem die damals aufkommenden Stabkirchen. In jener Zeit begann das Christentum, die alten nordischen Religionen mehr und mehr zu verdrängen. Der neue Glaube verlangte nach Gotteshäusern, und als Baumaterial nahmen die Norweger, was sie schon immer genommen hatten: Holz.

Doch dem neuen Gott zu huldigen, weckte auch die Sehnsucht nach Höhe. Denn die Gläubigen wandten sich himmelwärts, dorthin, wo sie die göttliche Gnade vermuteten. Deshalb richteten sie die Bohlen der Stabkirchen nicht waagerecht wie bei ihren Häusern aus, sondern senkrecht nach oben. Oft wurden dann gleich mehrere Etagen aus solchen Bohlen übereinandergesetzt, wobei sich jede davon gegenüber der unteren verjüngt und durch ein steiles, überlappendes Dach mit ihr verbunden ist. So entsteht das typische Bild der nordischen Holzkathedrale, der sogenannte Drachenstil. Typischerweise sind die älteren Stabkirchen noch voller heidnischer Symbole, die den Übergang von einer Religion zur anderen fließend erscheinen lassen. Da gibt es grässliche Drachen oder den monströsen Fenriswolf, und die Stabkirche von Heddal in Telemark soll sogar von einem Troll binnen nur dreier Tage erbaut worden sein.

Der Teeranstrich schützte die Holzkirchen zwar vor der Witterung, aber natürlich nicht vor Feuer. Deshalb gibt es heute in Norwegen nur knapp 30 original erhaltene Stabkirchen, hinzu kommen noch einige Nachbauten.

Bis sich auch mehr und mehr normale Hausbesitzer einen Außenanstrich leisteten, sollte es bis ins 18. Jahrhundert dauern. Wer über genug Kleingeld verfügte, importierte das hochwertige Falunrot, das in einer Kupfermine im schwedischen Falun erzeugt wurde. Die darin enthaltenen Kupfer- und Eisenpartikel bieten dem Holz einen besonders guten Schutz vor Wettereinflüssen. Und die rostroten Fassaden hatten noch einen anderen Nebeneffekt: Sie erinnerten an die Backsteinbauten betuchter Mitteleuropäer und brachten so den Hauch einer Ahnung von Wohlstand in die ärmlichen Dörfer Norwegens. Ansonsten taten es aber auch mit Tran vermischte Erdpigmente, und nur die reichen Städter entschieden sich für weißen oder blauen Holzlack.

Immer mehr Wohnhäuser imitierten den Drachenstil der Stabkirchen, seit ein Architekt ihn Ende des 19. Jahrhunderts auch für weltliche Bauten populär gemacht hatte. In der Absicht des Mannes lag es, einen typisch norwegischen Architekturstil zu entwickeln, und damit stieß er auf riesige Resonanz.

Viele solcher Häuser könne ich im Setesdal bewundern, meint Harald. Und wenn ich dann über die Passstraße Suleskarvegen in Richtung Stavanger weiterführe, müsse ich unbedingt einen Abstecher zum berühmten Preikestolen machen, fügt er mit wissender Miene hinzu.

„Preike-was?“, frage ich und sehe ihn stirnrunzelnd an. Harald lacht. „Den Namen kennst du vielleicht nicht, aber die Bilder hast du mit Sicherheit gesehen!“ Der Preikestolen ist so eine Art natürliche Aussichtsloge, die in sagenhaften 600 Metern Höhe über den Lysefjord hinausragt. Die Aussicht von diesem etwa 25 mal 25 Meter großen Felsplateau auf den 40 Kilometer langen Fjord ist absolut spektakulär.

Ja, natürlich kenne ich die Bilder vom Preikestolen. Den Atem raubt mir dabei aber ehrlich gesagt weniger das wirklich grandiose Panorama, als vielmehr das über den Abgrund ragende Felsplateau. Ein tiefer Riss dort, wo es mit dem restlichen Granitgestein des Berges verbunden ist, zeugt von der unerbittlichen Tätigkeit der Erosion. Und trotzdem drängen sich so manches Mal 60 und mehr Menschen gleichzeitig auf der scheinbar so brüchigen Kanzel. Ich würde mich das nicht trauen!

Doch Harald winkt ab. „Der Preikestolen hält schon seit 10.000 Jahren!" Damals sorgte der Eiszeitgletscher oben auf den Felsen für eine Frostsprengung des Granitgesteins, dadurch entstanden die kantige Form und auch der Riss, den ich bemäkelt habe. „Unsere Geologen sind sich sicher: Das Ding hält!", beruhigt Harald.

Deshalb kommen inzwischen auch jährlich an die 200.000 Besucher, um den Nervenkitzel über dem Abgrund zu spüren. Ganz leicht macht es der Preikestolen ihnen dabei nicht, denn die Straße endet knapp vier Kilometer davor. Dann sind zu Fuß noch mehr als 300 Höhenmeter zu überwinden, bis man am Preikestolen ankommt. „Kein Ausflug für Faulenzer und Angsthasen", grinst Harald.

Während er erzählt hat, konnte man die Liebe zu seiner südnorwegischen Heimat sehr deutlich spüren. Trotzdem fällt auch ihm der Abschied vom Norden schwer. Wir hingegen werden auf der Rückfahrt die Gespräche mit dem sympathischen Norweger schmerzlich vermissen.

Elgstek – Elchbraten

Zutaten für 4 Personen

1,2 kg Elchfleisch (ersatzweise Hirsch)
500 g Pfifferlinge
500 ml Rotwein
40 ml Speiseöl
50 g Sellerieknolle
100 g gewürfelter Speck
3 Möhren
1 Zwiebel
10 Wacholderbeeren
5 Pimentkörner
2 Lorbeerblätter
Salz
Pfeffer

Zubereitung:

Das Fleisch zusammen mit Piment, Lorbeer und Wacholderbeeren in einen Topf geben, mit dem Rotwein übergießen und 2 Tage im Kühlschrank marinieren.

Danach die Zwiebel schälen und würfeln, Möhren und Sellerie putzen und in kleine Stücke schneiden. Das Öl in einem Topf erhitzen, den Speck hinzugeben und braten, bis er glasig ist. Dann das Gemüse hinzugeben. Das Fleisch aus der Marinade nehmen, abtropfen und mit Küchenkrepp trocken tupfen, in den Topf geben und ringsum kräftig mit anbraten.

Den Rotwein durch ein Sieb angießen, dabei die Gewürze auffangen, den Lorbeer in den Topf geben, die Körner in ein Tee-Ei füllen und ebenfalls zum Braten geben. Salzen, pfeffern, die Hitze reduzieren und 2 Stunden lang köcheln lassen.

Die Pfifferlinge putzen und 15 Minuten vor Ende der Garzeit hinzugeben. Lorbeerblätter und Tee-Ei vor dem Servieren entfernen.

Mit Kartoffelklößen servieren.

Der kleine Grenzverkehr – Kirkenes zwischen den Blöcken

Kirkenes, der Wendepunkt der Hurtigrutenreise, ist ein unscheinbares Städtchen. Hier leben nur knapp 3.500 Menschen, und außer Fischerei und Hafendienstleistungen gibt es bloß den Eisenerz-Tagebau, der für Broterwerb sorgt. Kirkenes liegt weiter im Osten als fast das gesamte restliche Europa, und weil sich nur rund 15 Kilometer weiter der Grenzübergang nach Russland befindet, beschleicht den Besucher das Gefühl, am Ende der Welt angekommen zu sein. Denn über diese Grenze gelangt nur, wer vorher eine umständliche Prozedur durchlaufen hat, um ein Visum zu erhalten.

Deshalb scheint eine fremdartige Aura über Kirkenes zu liegen, ein seltsames Fluidum, das die Pforte zum Unbekannten umweht. Daran ändert auch das üppige Grün nichts, das die Hänge so kraftvoll überwuchert, als wolle es mit Nachdruck klarstellen, dass Kirkenes südlich der arktischen Baumgrenze liegt. Bei Kirkenes wurde ein Kristall gefunden, der mit einem Alter von 3,69 Milliarden Jahren das mit Abstand älteste Mineral ist, das man je in Europa entdeckt hat. Das macht diese Gegend zur Keimzelle unseres Kontinents, doch auch das ändert nichts an dem befremdlichen Gefühl.

Die dramatische Geschichte von Kirkenes trägt ihren Teil dazu bei. Nur Malta war im Zweiten Weltkrieg ähnlich hart umkämpft wie das abgelegene Städtchen im hohen Norden.

Das liegt daran, dass Murmansk mit seinem strategisch wichtigen Hafen in Luftlinie nur 150 Kilometer entfernt ist, und die deutsche Wehrmacht setzte alles daran, diesen Hafen zu erobern. Die Sowjets ihrerseits versuchten, die deutschen Stellungen in Kirkenes zu vernichten. Das machte Kirkenes zur meistbombardierten Stadt von ganz Norwegen. Als die Deutschen schließlich abziehen mussten, taten sie ein Übriges und steckten alles in Brand, was die Fliegerangriffe halbwegs überstanden hatte. Zerrieben zwischen den Fronten erstarrte Kirkenes danach zur einsamen Bastion am Nordende des Eisernen Vorhangs.

Vorbei war die Zeit, in der die Stadt ein wichtiges Handelszentrum des Nordens darstellte. Schon ab dem 12. Jahrhundert verlief hierher der Handelsweg der Pomoren, eines Volks von der Küste des Weißen Meeres. Über diese Route fand ein reger Warenaustausch zwischen Nordnorwegen, Lappland und dem russischen Nordosten statt. Die Pomoren brachten aus ihrer Heimat vor allem Roggenmehl mit, das „Russenmehl". In Nordskandinavien gedeiht ja nicht allzu viel, umso mehr Bedeutung genoss der Pomorenhandel für die Ernährung der dort lebenden Menschen. Im Gegenzug tauschten sie Fische, Felle und Produkte aus dem südlicheren Europa.

Der florierende Handel brachte der Wirtschaft Nordskandinaviens über die Jahrhunderte hinweg lebhaften Auftrieb, doch nach der russischen Revolution war schlagartig Schluss. Die Region geriet ins Abseits, ein Zustand, der sich durch die Blockbildung und die strenge Grenzsicherung nach dem Zweiten Weltkrieg noch weiter verfestigte.

Die Grenze zur Sowjetunion ist allerdings nicht immer so undurchdringlich gewesen, wie man denken möchte. Im Juni 1965 öffneten die Sowjets überraschend den Übergang zum russischen 200-Seelen-Dorf Boris Gleb. Eigens dafür hatten sie kurz zuvor eine voll beleuchtete, asphaltierte Straße bis zur Grenze gebaut und außerdem eine Kontrollstation eingerichtet.

Die Norweger mussten sechs Kronen Eintritt bezahlen, den Pass hinterlegen und nach spätestens 24 Stunden wieder gehen. Jeglicher Kontakte zu den Menschen in Boris Gleb wurde streng unterbunden. Trotzdem mussten die Sowjets schon am ersten Tag die Grenze vorübergehend wieder schließen, so groß war der Andrang.

Der Grund lag auf der Hand: Ein Stück abseits von Boris Gleb hatten die Sowjets eine Kneipe aufgemacht. Hinter der Theke stand ein linientreuer Intourist-Funktionär, für Bürger der Sowjetunion war der Zutritt verboten. Doch alle Norweger bekamen gegen harte Devisen, was ihr Herz begehrte, sei es Bier, Wein oder Krimsekt, vor allem aber natürlich Wodka. Und der kostete in der Russenbar nur halb so viel wie daheim in Kirkenes. Zur Begeisterung der von Polarnacht und allgemeiner Langeweile frustrierten Jugend schenkten die Russen ihren Schnaps sogar schon an 16-Jährige aus, wohingegen man drüben in Kirkenes das Alter von 21 erreicht haben musste. Im Handumdrehen war die Russenbar leergetrunken.

Während sich in Kirkenes die Ausnüchterungszellen füllten, blieb die Grenze in umgekehrter Richtung für Sowjetbürger weiterhin verschlossen. Nicht nur deshalb betrachteten die Norweger den kleinen Grenzverkehr mit Skepsis. Denn schnell entstand der Verdacht, die Apparatschiks hätten es darauf abgesehen, unbemerkt von der westlichen Spionageabwehr heimliche Kontakte zum Luftwaffenstützpunkt von Bodø zu schmieden.

Zwar liegt Bodø knapp 700 Kilometer Luftlinie von Kirkenes entfernt in der Provinz Nordland. Doch befand sich dort das NATO-Hauptquartier von Nordnorwegen, das erst wenige

Jahre zuvor in den internationalen Blickpunkt geraten war. Im Mai 1960 schoss die sowjetische Flugabwehr einen amerikanischen Piloten ab, der mit einer U-2 einen Spionageflug vom pakistanischen Peshawar nach Bodø über das Territorium der Sowjetunion unternommen hatte. Deshalb schöpfte die NATO jetzt den Verdacht, das Motiv für die überraschende Grenzöffnung könne pure Hinterlist sein. Schließlich handelte es sich bei der etwa 170 Kilometer langen norwegisch-russischen Grenze um die einzige direkte Grenze zwischen einem NATO-Land und Russland, die es auf europäischen Boden gab. Dieser Zustand änderte sich erst durch den NATO-Beitritt Estlands und Lettlands im Jahr 2004.

Als dann kurz nach der Grenzöffnung ein junger US-Amerikaner versuchte, nach Boris Gleb einzureisen, wurde er von den Sowjets verhaftet und zu anderthalb Jahren Arbeitslager verurteilt. Bald darauf fand man seine Leiche in einem Zug. Die Norweger reagierten mit der sofortigen Unterbindung des Grenzverkehrs. Erneut schloss sich der Eiserne Vorhang, und Kirkenes fristete weiter sein abgeschiedenes Dasein am äußersten Rand der westlichen Welt.

Zwischenzeitlich schien sich diese Ära jedoch ihrem Ende zuzuneigen. Bis zum russischen Einmarsch in die Ukraine im Februar 2022 gab es ein paar Maßnahmen, mithilfe derer die Einheit des Kontinents symbolträchtig betont werden sollte.

Nicht nur beginnt in Kirkenes die Europastraße 105, die über Murmansk, Sankt Petersburg und Nowgorod bis nach Jalta auf der Krim verläuft. Auch der Europa-Radweg „Eiserner Vorhang“ nimmt in Kirkenes seinen Anfang und führt auf einer mehr als 10.000 Kilometer langen Strecke entlang der ehemaligen Blockgrenze quer durch Mitteleuropa bis hin zum Schwarzen Meer. Was aber geschah mit der russischen Grenze?

Schon zu Beginn der Neunzigerjahre begann das Eis langsam zu tauen. Zweimal pro Woche kamen jetzt etwa 50 Tagestouristen mit dem Reisebus aus Murmansk, um in Kirkenes ein bisschen Geld zu machen. Dafür nahmen sie gerne zweistündige Wartezeiten und umständliche Grenzprozeduren in Kauf. In Kirkenes verscherbelten sie alles, was sich an den Mann oder an die Frau bringen ließ, von selbstgefertigten Stickereien über Balalaikas bis hin zu hölzernen Matroschka-Puppen. Vor allem aber verkauften sie natürlich billigen Wodka. Obwohl jeder Russe nur einen Liter davon importieren durfte, verwandelten sich die Busse aus Murmansk doch in rollende Schnapsläden. Denn die norwegischen Zollbeamten standen der überraschenden Entwicklung völlig überfordert gegenüber, und geschickte Schmuggler wussten die Situation auszunutzen. Für eine Weile sah es sogar danach aus, dass sich Kirkenes zu einem Schnaps-Umschlagplatz der Russenmafia entwickeln würde.

2010 schuf schließlich eine Sonderregelung im Rahmen des Schengener Abkommens Erleichterung für die Anwohner des Grenzgebiets und sorgte damit für Entspannung der Situation. Jetzt dürften sich sowohl Russen als auch Norweger auf beiden Seiten der Grenze innerhalb einer 30-Meilen-Zone ohne Visum oder irgendwelche Einschränkungen aufhalten. Und diese neue Freizügigkeit nahmen die Menschen nur zu gerne an. Die Norweger konnten jederzeit hinüberfahren, um billigen Wodka einzukaufen, die Russen kamen, um Waren zu kaufen, die daheim nicht erhältlich sind, und auch, um sich in Kirkenes ein paar Norwegische Kronen zu verdienen. Doch mit Beginn des Ukrainekriegs endete die neue Freizügigkeit schlagartig wieder.

Auch Sergei war solch ein russischer Grenzgänger, bevor er sich in Kirkenes niederließ. Er arbeitet mit Josáp zusammen, einem Samen aus Kirkenes, der für Touristen Flussfahrten zur russischen Grenze organisiert. Am Hafen in der Soldaterbukta, deren Name unüberhörbar an die schaurige Kriegsvergangenheit erinnert, besteigen wir mit den beiden ein kleines Holzboot, um uns über den Fluss Pasvik dorthin schippern zu lassen.

Noch vor gar nicht allzu langer Zeit galt dieser Fluss als Eldorado der Lachsfischerei. Zogen die Lachse zum Laichen flussaufwärts, wimmelte es hier von den stattlichsten Exemplaren. Ein Engländer bekam Wind von der Sache und eröffnete um die vorletzte Jahrhundertwende eine Ferienvilla für Hobbyfischer aus seiner Heimat. Das wiederum inspirierte die Finnen in den Dreißigerjahren zum Bau eines Anglerhotels am Flussufer. Zu dieser Zeit existierte hier nämlich noch gar keine geregelte Grenze zwischen Russland, Finnland und Norwegen.

Der heutige Grenzverlauf im Bereich des Flusses Pasvik hat eine besondere Geschichte, die mit dem Mönch Trifon aus Nowgorod verbunden ist. Trifon kam Mitte des 16. Jahrhunderts in die Gegend, um die hier lebenden Samen zum Christentum zu bekehren. Er gründete ein Kloster an der Mündung des Petschenga-Flusses und scharte rasch begeisterte Anhänger um sich.

Doch Trifon empfand das Klosterleben zunehmend als Qual, er bevorzugte das zurückgezogene Dasein eines Einsiedlers. Am Ufer des Pasvik entdeckte er eine Höhle, die nur vom Wasser aus zugänglich war, und lebte dort fortan als Eremit. In der Nähe baute er eine kleine Kapelle zu Ehren der beiden Märtyrer Boris und Gleb, die im 11. Jahrhundert zu den ersten Heiligen der russisch-orthodoxen Kirche avancierten.

Die russischen Christen verehrten den Einsiedler Trifon sehr. Aus seiner Kapelle erwuchs die bescheidene russischorthodoxe Kirche Boris Gleb, in der sowohl Trifon als auch Boris und Gleb jahrhundertelang Verehrung fanden. Doch dann kam das Ende des Zweiten Weltkriegs, und nun definierten Sowjets, Norweger und Finnen ihre Landesgrenzen in den europäischen Polargebieten. Als die Pläne öffentlich wurden, hagelte es Proteste von russischer Seite. Denn die Planer hatten glatt die Bedeutung der kleinen Kirche für die russischen Gläubigen übersehen. Diese lag jetzt unerreichbar auf norwegischem Territorium, ein völlig inakzeptabler Zustand. So kam es, dass der Grenzverlauf schließlich 1957 noch einmal neu verhandelt werden musste. Die Russen erhielten ein kleines Viereck auf der norwegischen Seite des Grenzflusses Pasvik, dort, wo sich die Kirche Boris Gleb befindet. Im Gegenzug durften sich die Norweger an anderer Stelle ein deutlich größeres Landstück einverleiben.

Im Bereich der neuen Grenze bei Boris Gleb kam es bald darauf zu einigen offiziellen Treffen zwischen Norwegern und Russen, um die weitere Zukunft der Region zu regeln. Denn inzwischen gab es auf der sowjetischen Seite eine wachsende Industrialisierung. Im Zuge dessen waren bereits mehrere Wasserkraftwerke im oberen Verlauf des Pasvik entstanden, nun sollte ein weiterer Staudamm auch die Energieversorgung der Gegend um Boris Gleb sicherstellen. Man einigte sich, und zwischen 1960 und 1964 entstanden die Staumauer und das Kraftwerk von Boris Gleb. Zwar verläuft die Grenze genau in der Mitte, doch gehört den Russen offiziell der gesamte Damm.

Die Norweger schickten einen Wissenschaftler, der vor Baubeginn die Unbedenklichkeit des Vorhabens aus ökologischer Sicht attestieren sollte. Dieser kam zu einer Jahreszeit, als sich keine laichenden Lachse im Fluss befanden, und wischte die Bedenken der Ortsansässigen vom Tisch. Hier gab es ganz offensichtlich keine Lachse, den Bau einer Lachstreppe hielt der Experte für überflüssig. Seitdem gibt es tatsächlich keine Lachse mehr im Pasvik.

Der Grenzdeal zwischen Norwegern und Sowjets zog aber noch weitere Folgen nach sich. Denn er führte zu einem ungewöhnlichen Grenzverlauf, von dem jetzt Touristen wie wir profitieren. Die Grenze zieht sich nicht wie ursprünglich geplant entlang des Flusslaufs, sondern läuft quer durch den Pasvik hindurch. Auf einer Seite des norwegischen Ufers ist für die Besucher eine Grenzstation nachgebaut. Bis hierhin geleiten uns Sergei und Josáp, und keinen Schritt weiter.

Denn die Grenze ist nur scheinbar ungesichert und offen. Am anderen Ufer erspähen wir einen Wachturm, außerdem existiert eine akribische Videoüberwachung. Wer auch nur einen Fuß hinübersetzt, muss mit härtesten Konsequenzen rechnen. Zur Abschreckung hören wir die Geschichte einer Hurtigrutenreisenden, die nur ihre Hand mit der Kamera über die Grenze streckte, um den Markierungspfosten von der anderen Seite zu fotografieren. Als Folge gab es ein stundenlanges Verhör und sie verpasste ihr Schiff. Blitzschnell nehme ich Abstand von der verlockenden Idee, selbst mal kurz einen Fuß auf den nur einen Meter entfernten russischen Boden zu setzen.

Wie frei wäre die Welt doch ohne Grenzen!

Stekt laks med spisskål – gebratener Lachs mit Spitzkohl

Zutaten für 4 Personen:

4 Lachsfilets à ca. 180 g
250 g Saure Sahne
1 Spitzkohl
1 unbehandelte Zitrone
1 El frisch geriebener Meerrettich
1 Tl Senf
1 Tl brauner Zucker
100 g Butter
Mehl
Salz
Pfeffer

Zubereitung:

Den Spitzkohl putzen, in Stücke schneiden und in siedendem Salzwasser 3 bis 4 Minuten blanchieren, dann in einem Sieb gut abtropfen lassen. In einer Pfanne die Hälfte der Butter braun werden lassen, den Spitzkohl hinzugeben und bei mittlerer Hitze 15 Minuten braten, mit Salz und Pfeffer würzen.

Die Zitrone waschen und vom äußersten gelben Anteil der Schale ca. die Menge von ½ Tl abreiben, danach die Zitrone auspressen. Die Saure Sahne in einem kleinen Topf mit Meerrettich, Senf, Zucker, Zitronenschale und 1 El Zitronensaft vermischen, dabei salzen und pfeffern. Nun langsam erwärmen, dabei immer wieder rühren.

Die Lachsfilets salzen, pfeffern und ringsum mit Mehl bestäuben. Die restliche Butter in einer Pfanne erhitzen und die Filets von jeder Seite 4 Minuten braten. Den Spitzkohl auf Tellern anrichten, je ein Lachsfilet darauflegen und mit der Sauce überziehen.

Lappland, Rentiere und Nomaden – das Volk der Samen

Josáp hat uns noch eine andere Geschichte über Grenzen erzählt. Denn Josáp ist Same.

Die Samen sind ein indigenes Volk, das seit jeher im Norden Skandinaviens beheimatet ist. Ihren Kulturraum bezeichnet man auch als Lappland, es erstreckt sich von der Gegend um Trondheim bis hinüber nach Schweden und weiter über die nördlichen Regionen Norwegens und Finnlands bis hin zur russischen Halbinsel Kola. Lappland ist nie ein Staat gewesen, und das hat mit der besonderen Lebensweise der Samen zu tun.

Noch bis vor wenigen Jahrzehnten nannten wir diese Menschen „Lappen". Zumindest in der deutschen Sprache klingt das recht despektierlich. Das ist allerdings nicht der Grund, warum viele Samen die Bezeichnung „Lappe" inzwischen als herablassend empfinden.

Als Wort ist „Lappe" wohl auf einen altfinnischen Ausdruck für „Rand" zurückzuführen. Lebte doch das Volk der Samen seit Menschengedenken in den nördlichen Randzonen von Skandinavien, dem sogenannten Fennoskandinavien. Schon seit 1.000 Jahren bezeichneten die anderen Skandinavier dieses Volk als „Lappen".

Vermutlich lebten die Samen aber schon viel länger dort, nämlich seit der Jungsteinzeit vor rund 10.000 Jahren. Sie blieben weitgehend isoliert von der restlichen Welt, weshalb sie sich in ihrer Kultur und Lebensweise vollständig von den Bewohnern des südlicheren Skandinaviens unterschieden. Waren sie zunächst noch Jäger und Sammler, so begannen sie im zweiten vorchristlichen Jahrtausend mit der Domestikation der wilden Rentiere, die in Lappland heimisch sind. Rentiere und Samen sollten fortan untrennbar miteinander verbunden sein.

Erst seit der Wikingerzeit fanden regelmäßige Kontakte zwischen Samen und Norwegern statt. Die Begegnungen verliefen zunächst allerdings nicht unbedingt freundlich. Schließlich sind die Wikinger als verwegene Haudegen bekannt, die sich stets mit Gewalt nahmen, was sie wollten. Die Samen ihrerseits konterten die Brutalität mit Pfiffigkeit, List und Intrigen. Allmählich entwickelte sich im Lauf der Jahrhunderte ein gewisser Burgfriede zwischen den beiden Völkern, und man begann, Handel miteinander zu treiben.

Doch die europäische Geschichte schritt unaufhaltsam weiter fort, und im Spiel um die Macht gerieten eines Tages auch die Samen in den Fokus. Alle nordischen Staaten trachteten danach, sie zu unterwerfen und Steuern in Form von Naturalien von ihnen einzutreiben. Weil es noch keine festgelegten Grenzen gab und die Samen mit ihren Rentierherden ein Nomadenleben führten, versuchte jeder Staat für sich, diese Steueransprüche durchzusetzen. Zur gleichen Zeit drangen mehr und mehr Missionare nach Lappland vor, um die Samen für den christlichen Glauben zu gewinnen. Allmählich verstärkte sich deshalb der Kontakt zwischen den indigenen Samen und den Kulturen Südskandinaviens. Die Samen legten dabei aber stets Wert auf ihre besondere Lebensweise, sie verweigerten sich der Geldwirtschaft genauso wie der Idee, an einem festen Ort ansässig zu werden. Schließlich mussten sie mit ihren Rentierherden dem jahreszeitlichen Nahrungsangebot folgen.

Das hinderte die Skandinavier aber nicht daran, immer weiter nach Norden vorzudringen und hier Landbesitz zu ergreifen. Dabei nahmen sie keine Rücksicht auf die Samen, die sie als ungebildete Primitive mit rückständiger Lebensweise verachteten. Die Weidegründe, Fisch- und Jagdgebiete der Samen gerieten mehr und mehr unter Druck.

1864 erließ Norwegen schließlich eine gesetzliche Bestimmung, die Landerwerb nur noch denjenigen erlaubte, die das Norwegische beherrschten. Im Volk der Samen wurden aber zahlreiche Dialekte des Samischen gesprochen, das zur uralischen Sprachfamilie gehört und mit dem Finnischen, Estnischen und Ungarischen verwandt ist. Die Samen waren damit von der Möglichkeit des Landerwerbs ausgeschlossen. Und die neuen Landbesitzer schränkten die Weide- und Jagdrechte der Samen erheblich ein.

Doch es sollte noch schlimmer kommen. Inzwischen hatte Darwin seine Evolutionstheorie veröffentlicht und fand damit nach dem anfänglichen Aufschrei in Kirchen- und Gelehrtenkreisen mehr und mehr Anhänger. Alle, die das Volk der Samen von oben herab belächelt hatten, fühlten sich jetzt auch wissenschaftlich bestätigt. Warum sollte man auf eine Rasse Rücksicht nehmen, die offensichtlich auf einer niederen Entwicklungsstufe stand?

Die skandinavischen Staaten nahmen es sich jetzt heraus, die Samen bevormunden zu dürfen. Deren Kinder erhielten zwar Schulunterricht, aber auf allerniedrigstem Niveau. Zu höheren intellektuellen Leistungen hielt man die Samen ohnehin nicht für befähigt. In Schweden kam es in den Zwanziger- und Dreißigerjahren des letzten Jahrhunderts sogar zu rassebiologischen Untersuchungen, die belegen sollten, dass eine Vermischung mit der samischen Rasse die Gesellschaft verderben würde. Samen wurden zwangsumgesiedelt, ihre Weidegründe durch Militäranlagen, Bergwerke, Fabriken, Kanäle und Stauseen immer weiter eingeschränkt.

Doch das wirkliche Aus für die traditionelle Lebensweise kam, als Russland, Norwegen und Finnland nach dem Zweiten Weltkrieg ihre nördlichen Grenzen absteckten. Mit einem Mal blockierten Barrieren die traditionellen Wege der Samen. Ein Teil ihres Volkes lebte plötzlich auf der einen Seite der Grenze, zwei weitere Teile jeweils hinter den anderen beiden. Manche familiären Verbindungen zerschnitt der Eiserne Vorhang sogar vollständig.

Ihre Diskriminierung und den Verlust ihrer traditionellen Lebensweise verbinden die Samen mit der von den Skandinaviern eingeführten Bezeichnung „Lappe“. Verständlich, dass sie deshalb darauf Wert legen, dass ihr eigener Name verwendet wird. Und der lautet „Sámi“, das bedeutet „Sumpfmenschen“. Die Samen sind stolz darauf, Europas einziges wirklich echtes indigenes Volk zu sein.

Der samische Widerstand gegen die Unterdrückung setzte zu Beginn des 20. Jahrhunderts ein, fand aber erst nach dem Zweiten Weltkrieg allmählich Gehör. Inzwischen ist der Schutz der samischen Kultur, Sprache und Lebensweise in Norwegen gesetzlich verankert. Alte Gewohnheitsrechte bei der Nutzung von Weideflächen werden endlich anerkannt. Ganz offiziell vertritt die samischen Interessen in Norwegen sogar ein eigenes Parlament, das Samediggi im finnmarkischen Karasjok.

Heute leben knapp 50.000 Samen in Norwegen, deutlich mehr als in Schweden, Finnland und Russland zusammen. Die meisten von ihnen haben inzwischen einen ganz gewöhnlichen Alltag, der sich nicht von dem der übrigen Norweger unterscheidet.

Nichts an Josáp weist darauf hin, dass er samischer Abstammung ist. Weder trägt er die farbenfrohe samische Volkstracht Kofta, noch begleitet ihn eine Rentierherde. Nur noch zehn Prozent seiner Leute züchten heute Rentiere, sagt er. Und auch von diesen führt so gut wie keiner mehr das traditionelle Leben.

Nur für die Touristen stehen Samen heutzutage noch mit Kofta und Rentier vor einem Zelt. Diese Zelte nennt man Kote, sie sind zum Teil nur mit Planen bedeckt, damit sie leicht abgebaut und transportiert werden können. Zum besseren Schutz vor der polaren Kälte werden sie aber auch aus Holz gebaut oder mit Torf und Grassoden bedeckt. Die Kofta-Tracht, ursprünglich aus Rentierleder, ist je nach regionaler Herkunft ihres Trägers unterschiedlich gemustert und immer recht bunt. Blau ist dabei die beliebteste Farbe, denn es steht symbolisch für den Himmel. Zu den traditionellen Mahlzeiten der Samen gibt es in erster Linie Rentierfleisch, frisch, eingesalzen, geräuchert oder getrocknet, dazu Fladenbrot sowie in Milch und Zucker gekochten Sauerampfer.

Ein Schamanismus, der die gesamte Natur als belebt wahrnahm, beherrschte bis zur Christianisierung die samische Religion. Aus dieser Zeit stammt der Joik, der ganz besondere Gesang der Samen. Fremdartige Klänge, gutturales Jodeln und eintönige Rhythmen spiegeln in diesen rituellen Liedern die umgebende Natur und die Gefühle der Menschen. Worte treten dabei in den Hintergrund. Schamanen schlugen einst zum Joik ihre Zaubertrommel und sangen sich in spirituelle Ekstase.

Noch immer beherrscht jeder zweite Same die Sprache seines Volkes. Es ist eine reine Erzählsprache, die zugehörige Schriftsprache entstand erst vor rund 100 Jahren. Das Samische ist reich an Bildern und schöpft aus einem schier unbegrenzten Wortschatz zur Beschreibung der polaren Umwelt.

Josáp lässt uns wissen, dass er selbst zwar nicht mehr wie seine Vorfahren lebt, dass aber zumindest sein Bruder Ánok einen Teil der alten Samenkultur bewahrt. Denn Ánok hat eine Rentierherde. Nur den Samen ist es in Norwegen erlaubt, Rentiere zu halten, vielleicht der Versuch einer Wiedergutmachung für das Unrecht der Vergangenheit. Mehr als 100.000 Rentiere leben in Nordnorwegen, manche davon wild, viele als Haustiere in den samischen Herden.

Ánok wohnt in Vardø, einem Fischerort auf einer kleinen Insel, die der Varanger-Halbinsel vorgelagert ist. Vardø liegt 80 Kilometer nördlich von Kirkenes und außerdem ein Stückchen weiter im Osten. Das macht den kleinen Hurtigrutenhafen zum östlichsten Flecken von Norwegen. Seine bunten Holzhäuser sind ein wenig heruntergekommen, doch schmiegen sie sich in der grauen Bucht der Barentssee zu einem melancholisch-schönen Gesamtbild zusammen.

In Vardø gibt es auch eine Festung aus dem 14. Jahrhundert, die nördlichste Festung der ganzen Welt. Hier befindet sich heute eine Marineschule, und dort geht Ánok einem normalen Acht-Stunden-Job nach. Doch seine Freizeit gehört den Rentieren. Abends, am Wochenende und in den Ferien besteigt er sein Boot und fährt hinüber zu seiner Herde. Auf der Varanger-Halbinsel wachsen würzige Kräuter und saftiges Gras. Das, so behauptet Ánok, sorgt dafür, dass Rentierfleisch so ausnehmend gut schmeckt.

Doch im Winter gefriert der Boden in der baumlosen Polarregion zu einer brettharten, eisigen Platte. Deshalb treibt Ánok seine Herde im Herbst Richtung Süden, in die Waldgebiete nahe der finnischen Grenze. Hier können die Tiere unter dem Schnee noch genügend Futter finden. So folgt Ánok mit seiner Herde dem Rhythmus der Jahreszeiten, genau wie es seine Vorfahren schon seit mehr als drei Jahrtausenden getan haben.

Die großen Wanderungen der Herden bieten ein faszinierendes Bild. So faszinierend, dass sich 2017 in Norwegen erstmals ein öffentlich-rechtlicher Fernsehsender dazu entschloss, den gesamten Weg einer tausendköpfigen Herde bis in ihr Sommerquartier live zu übertragen. Tag und Nacht folgte die Kamera den Rentieren auf ihrer 260 Kilometer langen Reise vom Hochplateau der nordnorwegischen Finnmarksvidda bis zu ihrer Sommerfrische auf der Insel Kvaløy. Die Führung hat dabei stets die Leitkuh, sie entscheidet, wann sich die Herde nach den Ruhepausen wieder in Bewegung setzt. Den Höhepunkt stellt das allerletzte Wegstück dar, denn die Tiere müssen die mehr als zwei Kilometer weite Strecke vom Festland bis zur Insel hinüberschwimmen. Auch hierbei liegt es im Ermessen der Leitkuh zu entscheiden, wann der geeignete Zeitpunkt gekommen ist. Auf der Insel werden die trächtigen Kühe dann kalben. 170 meditative Stunden dauerte die Liveübertragung, und tatsächlich sollen täglich mehr als eine Million Norweger zugeschaltet haben.

Es scheint, dass nicht nur die Samen inzwischen eine tiefe Verbundenheit mit den alten Traditionen ihres Landes verspüren.

Kjære till Lappland – „Liebe zu Lappland“

Zutaten:

500 g Blaubeeren
150 g brauner Zucker
2 l Wasser

Zubereitung:

Die Zutaten in eine gut verschließbare Glasflasche geben, schütteln und 4 Wochen lang an einem sonnigen Fenster stehenlassen. Dann durch ein Sieb abgießen und die Flüssigkeit zurück in die Flasche geben. Im Kühlschrank aufbewahrt ist das Getränk gut ein halbes Jahr haltbar.

Reinsdyrgryte – Rentiertopf

Zutaten für 4 Personen:

600 g Rentierfleisch (ersatzweise Wild oder Rind)
800 g Kartoffeln
3 Zwiebeln
60 g Butter
300 ml helles Bier
200 ml Brühe
½ Bd. Petersilie
Salz
Pfeffer

Zubereitung:

Das Fleisch in Gulaschwürfel schneiden, Kartoffeln und Zwiebeln schälen, Kartoffeln in dicke, Zwiebeln in dünne Scheiben schneiden. Die Butter in einem Topf schmelzen und die Zwiebeln darin bräunen. Herausnehmen und jetzt das Fleisch anbraten. Herausnehmen, Bier und Brühe in den Topf gießen und nun schichtweise jeweils Kartoffeln, Zwiebeln und Fleisch hineingeben, dabei jeweils salzen und pfeffern. Zuoberst sollte eine Schicht Kartoffeln liegen. Abdecken und bei milder Hitze 2 Stunden lang köcheln lassen.

Die Petersilienblättchen abzupfen, fein hacken und das Gericht vor dem Servieren damit bestreuen.

Der erste Expressionist – Edvard Munch

Unwirsch faltete Edvard Munch die Zeitung zusammen, warf sie von sich und wandte sich ab. „Diese Leute brauchen frisch geschlachtete junge Maler zum Frühstück – als Brotaufstrich", fauchte er. Dabei galt der kritische Artikel in Oslos Tageszeitung Aftenposten dieses Mal gar nicht ihm, sondern einem unbekannten jungen Maler. Doch die Abscheu gegen Kunstkritiker saß tief in Edvard Munch. Obwohl er inzwischen weit über die Kunstszene hinaus als Star gefeiert wurde und obwohl sein Erfolg ihn reich gemacht hatte, überwand er nie die wütende Ablehnung und die tiefen Niederlagen, die er zu Beginn seiner Künstlerlaufbahn ertragen musste.

Der Tumult um Munch begann, als er 1886 sein Bild „Das kranke Kind" erstmals der Öffentlichkeit vorstellte. Sechsmal setzte er sich im Lauf seines Lebens mit diesem Motiv auseinander, so entstanden sechs unterschiedliche Versionen. An der ersten arbeitete Munch fast zwei Jahre lang, in diesem Bild, so sagte er später, habe das meiste dessen seinen Ursprung, was er später malen sollte.

Und doch dachten die Betrachter, er wolle sie zum Narren halten, als er sein Werk erstmals dem Publikum vorstellte. Das Bild wirkte unfertig, wie flüchtig skizziert, und zu sehen war nichts weiter als die fahle Gestalt eines rothaarigen Mädchens, die seltsam in einem Bett platziert ist, sodass man meint, sie müsse gleich vornüberkippen. Daneben eine Frau, die ihren Kopf neigt, weshalb ihr Gesicht nicht zu sehen ist, und das alles hauptsächlich in modrigen, ungesunden Grüntönen dahingeschmiert. Was sollte das denn sein? Doch wohl keine ernsthafte Kunst!

Dass jemand es wagte, solch ein scheinbar rudimentäres Werkstück öffentlich zu präsentieren, empfanden die Kunstinteressierten von Oslo als ungeheuerlich. Dicht drängte sich das Publikum vor dem Skandalbild, wütendes Geschrei mischte sich mit spöttischem Gelächter. Die Zeitungskommentare fielen entsprechend vernichtend aus.

Seine norwegische Heimat wusste wenig mit den Bildern Edvard Munchs anzufangen. Der Mainstream bevorzugte gefühlsduselig-kitschige Landschaftsmalerei, und da kam nun dieser Bursche und beschmierte die Leinwand mit Mördergrimassen, morbid-erotischen Madonnendarstellungen oder schwefelgelben Winterwäldern, die so erschreckend wirkten, als ahnten sie zukünftige Apokalypsen voraus. Was für ein Mensch war das, der solch aberwitzige Bilder malte?

Sein Vater, ein Arzt mit bescheidenem Einkommen und Hang zum Religiösen, hatte erst spät geheiratet und sich dazu eine 20 Jahre jüngere Frau auserwählt. Die Familie lebte in Christiania, dem späteren Oslo, und das gemeinsame Leben stand unter keinem guten Stern. Frau und Kinder waren von schwächlicher Konstitution, die Mutter starb im Alter von 33 Jahren an Tuberkulose. Da zählte der kleine Edvard gerade erst fünf Jahre. Kurz darauf raffte die Krankheit auch seine ältere Schwester dahin, und die jüngere litt fortan unter schweren Depressionen. Vor dem Hintergrund dieser düsteren, tragischen Kindheit tritt Munchs Malerei als Ausdruck einer gequälten Seele ins Licht, als Aufschrei eines tiefen inneren Leids, das ihn zeitlebens begleiten sollte.

Früh zeigten sich bei ihm künstlerisches Talent und das dringende Bedürfnis, dies zu seinem Lebensmittelpunkt zu erheben. Konsequent verfolgte er eine Ausbildung in Zeichnung und Malerei. Sein Schwerpunkt lag zunächst im Realismus, für den er eine außerordentliche Begabung mitbrachte. Doch eine Studienreise nach Paris wühlte den 22-Jährigen auf. Zu bieder und brav erschien ihm seine bisherige Darstellungsweise, es fehlte ihr an Tiefe, an Aussagekraft. Wozu Szenen abmalen, die jeder selbst mit den Augen sehen kann? Ist es nicht die wirkliche Herausforderung für einen Künstler, Empfindungen aus seinen Bildern sprechen zu lassen, die dem Betrachter sonst verborgen bleiben? Sind es nicht die Gefühle, von denen wahre Kunst inspiriert ist?

Also begann Munch mit seinem ersten expressionistischen Werk, „Das kranke Kind". Die Inspiration dazu fand er in der Begegnung mit einem elfjährigen Mädchen und dessen krankem Bruder, die schmerzhafte Erinnerungen an seine eigenen Kindheitserlebnisse weckte. Das Malen kostete ihn viele qualvolle Monate, in denen seine innere Pein ihn zu zerreißen drohte. Denn all sein Schmerz um den frühen Tod der Schwester manifestierte sich in diesem Bildnis. Immer wieder trug er dicke Farbschichten von Grau und Grün auf, dazu wenige konträre Effekte in rostigem Rot, und immer wieder schabte und kratzte er diese Farben ab, bis sich ein diffuser Grauschleier über das gesamte Gemälde gelegt hatte. Die ätherische Figur des vom Tod gezeichneten Mädchens und die gramgebeugte Frau an seiner Seite umwölkt eine fast esoterische Transzendenz.

Man mag sich vorstellen, was das fertige Bild Munch bedeutete. Stellte es doch nicht weniger dar als den Spiegel seiner eigenen Seelenempfindungen. Wie tief muss es ihn getroffen haben, als die Öffentlichkeit mit Hohn und Abscheu reagierte und die Kritiker sein psychisches Manifest quasi in der Luft zerrissen? Die Presse überschlug sich mit Schmähungen wie „Narretei", „Skandal", „Schweinerei" und beschimpfte das Bild als roh ausgeführten, halbfertigen Entwurf. Ein Kritiker belächelte das Werk gar als „verstümmeltes Relikt eines inneren und äußeren Kampfes". Damit tat er Munchs Auseinandersetzung mit der eigenen Psyche als bloße Schwäche eines Mannes ab, der unfähig ist, seine gesellschaftliche Rolle als markiger, belastbarer Kerl zu akzeptieren und alles Emotionale und Verweichlichte in den Hintergrund zu drängen.

Kein Gemälde habe je in Norwegen so viel Ärgernis erregt, sollte Munch später über die wütenden Reaktionen sagen. Tief verletzt kehrte er seiner verständnislosen Heimat den Rücken. In den aufgeschlosseneren Kunstkreisen von Berlin, Kopenhagen und Paris hoffte er, sein Glück zu finden. Hier schüttelte er die traumatisierenden Worte der norwegischen Kritiker ab wie ein nasser Hund das Wasser aus seinem Fell.

Doch das Tor zu seinem Innersten blieb unverschlossen. Einmal geöffnet, drangen immer mehr Facetten der Seelennot daraus hervor. Angst, Verzweiflung, die finster wabernden Wolken der Depression sowie ein abgrundtiefes Misstrauen gegenüber Frauen und der Liebe würden die Thematik seiner Werke von nun an bestimmen.

Die unbeirrte Beharrlichkeit, mit der er seinem expressiven künstlerischen Weg folgte, sollte sich auszahlen. Schon drei Jahre nach dem Fiasko mit dem „kranken Kind" kehrte Munch mit einer Ausstellung nach Oslo zurück. Denn obwohl seine Art zu malen im aufgeschlosseneren Ausland auf beachtliche Akzeptanz stieß, vermisste er die wunderbaren Landschaften seiner Heimat inzwischen schmerzlich.

Die Osloer Ausstellung im Herbst 1889 brachte Munch nicht nur endlich positive Resonanz in der Heimat ein, sondern auch ein Künstlerstipendium des norwegischen Staates.

Dank der finanziellen Unabhängigkeit bewegte er sich in den folgenden Jahren frei zwischen Oslo, Paris und Berlin, verkehrte mit Malerkollegen, Dichtern und Intellektuellen und sog dabei gierig neue kreative Impulse auf.

Nicht allen gefiel seine expressionistische Darstellungsweise, die Reaktionen schwankten zwischen ärgerlicher Ablehnung und begeisterter Zustimmung. Doch egal, wie die Kritiken ausfielen: Aufmerksamkeit war ihm von nun an gewiss. Als das neue Jahrhundert anbrach, zählte Edvard Munch zu den schillernden Persönlichkeiten der internationalen Kunstszene. Damit stellte sich auch endlich kommerzieller Erfolg ein. Die ersten acht Jahre des 20. Jahrhunderts verbrachte Munch in Deutschland, wo ihm stets neue lukrative Aufträge zuflossen.

Die Schattenseiten des steinigen Wegs zum künstlerischen Durchbruch und der ständigen Auseinandersetzung mit seiner inneren Bedrängnis zeigten sich in einer dramatisch gescheiterten Liebesbeziehung, in Munchs zunehmendem Alkoholproblem und in zermürbenden Depressionen. Schließlich begab er sich für acht Monate in eine Kopenhagener Nervenklinik.

Als habe er dort endlich Seelenfrieden gefunden, kehrte er anschließend nach Norwegen zurück und blieb. Der allgemein große Zuspruch zu seinen Arbeiten erlaubte es ihm nun, aus der Perspektive wirtschaftlicher Unabhängigkeit heraus entspannt in die Zukunft zu blicken.

Auf dieser Basis fasste er einen Entschluss, den sich kaum ein Künstler leisten kann: Er wurde selbst sein eigener Sammler. Keines seiner Bilder gab er mehr aus der Hand, es sei denn, er hatte zuvor eine Kopie davon gefertigt. Sein Wohlstand erlaubte ihm ein gediegenes Umfeld für seine Sammlung, er besaß zum Schluss vier stattliche Grundstücke im Süden von Norwegen, auf denen sich 43 Ateliers befanden.

Doch darf dieses nach außen hin angenehm wirkende Leben nicht über seinen Seelenzustand hinwegtäuschen. Nie fand er wirklich zu innerem Frieden. Er lebte die meiste Zeit allein und völlig zurückgezogen auf der größten seiner Besitzungen in Ekely am Oslofjord. Selbst eine Haushaltshilfe stellte er nicht ein, da er allen Ernstes befürchtete, eine solche könne versuchen, ihn durch geheimnisvolle Zutaten in den Speisen gefügig zu machen. Trotz seiner offensichtlichen Misogynie sagte er aber auch, dass er ohne Lebensangst und Krankheit ein Schiff ohne Ruder gewesen wäre.

Vielleicht zeigt sich das nirgends deutlicher als in seinem berühmtesten Werk „Der Schrei". Insgesamt viermal hat Munch die schreckverzerrte Figur gemalt, die sich in einem gleichermaßen entgleisten Hintergrund aus dramatischen roten und blauen Wogen zu verlieren droht. Sie ist dabei, die Sicherheit einzubüßen, die ihr der geradlinige, ordentlich von einem Zaun begrenzte Weg zu bieten scheint, der stellvertretend für die menschliche Zivilisation stehen mag. Hilflos entgleitet sie in eine entfesselte Umgebung, die alle Grenzen des menschlichen Verstandes sprengt.

„Der Schrei" ist Munchs Meisterwerk, nirgends sonst fand die Angst des Individuums vor der Macht des Äußeren solch kraftvollen Ausdruck. Zugleich nimmt „Der Schrei", der erstmals 1893 entstand, in fast seherischer Weise die Grauen der kommenden Zeit vorweg. Mit diesem Bild, urteilte Oskar Kokoschka später, sei der Expressionismus geboren.

Viel ist sinniert worden über Naturphänomene, die den Anstoß zu Munchs „Schrei" gegeben haben könnten. Doch sind es nicht bloß hilflose Versuche, das wirklich Beängstigende in diesem Bild zu verharmlosen, indem man es auf den Boden stofflicher Erklärbarkeit zieht? Blickt uns nicht eigentlich aus Munchs Werk die Fratze eines Dämons an, der uns allen innewohnt? Ein Abgrund aus Angst und Hilflosigkeit, der unser geordnetes Leben mit einem Mal verschlingen könnte?

Edvard Munch war 50, als er sich entschloss, seine Werke von nun an zu behalten. Bis zu seinem Tod im Jahr 1944 sollten noch 30 weitere Schaffensjahre vor ihm liegen. Deshalb hinterließ er eine sagenhafte Sammlung von sechs Skulpturen, 1.026 Gemälden, 4.473 Zeichnungen und Aquarellen sowie 15.391 Grafiken. All diese Arbeiten behielt er bei sich, um sie vor eventuell respektlosen Besitzern zu bewahren. Nichtsdestotrotz ging er selbst recht unbesorgt damit um. Die Bilder stapelten sich auf Fußböden, lagen ungeschützt im Freien oder hingen sogar an Bäumen herum.

Seine komplette Sammlung vermachte Munch in einer versöhnlichen Geste der Stadt Oslo. Er sei knietief in Lithografien herumgewatet, konstatierte der Kurator, der die Hinterlassenschaft als erster sichten durfte. 1963 entstand ein erstes Munch-Museum in Oslo, das anlässlich des 50. Todestags des Künstlers 1994 durch einen Neubau erweitert wurde. Im Oktober 2021 eröffnete schließlich das neue Munch-Museum in der Nähe des Osloer Opernhauses. Auf dreizehn Etagen und einer Ausstellungsfläche von 26.000 Quadratmetern zeigt es nun die enorme Kunstsammlung Munchs, dazu weitere Exponate wie Briefe, Druckplatten, Fotografien, Notizbücher, Arbeitsutensilien und Möbel aus dem Besitz des Künstlers. Gut die Hälfte aller von Munch geschaffenen Gemälde befindet sich hier. Es ist eines der größten Museen der Welt, das sich mit seiner Ausstellung nur einem einzigen Künstler widmet.

Zweimal wurde die Osloer Version des berühmten Werks „Der Schrei" gestohlen. Zwar tauchte sie jedes Mal wieder auf, doch erlitt das Bild durch den letzten Diebstahl von 2004 so gravierende Schäden, dass es bisher nicht vollständig wiederhergestellt werden konnte. Die Ikone des Expressionismus ist fast unbezahlbar. Eine andere der vier Versionen erzielte 2012 bei einer Versteigerung die irrsinnige Summe von 120 Millionen Dollar.

Die Faszination des fassungslosen Entsetzens hat zu zahlreichen Zitaten des „Schreis“ in Popkultur und Alltagskunst geführt. Die digitale Welt hat ihn sogar als Emoji eingeführt („face screaming in fear“). Edvard Munch ist nicht nur Norwegens berühmtester Maler. Er hat mit der Erfindung des Expressionismus auch den Weg in eine Epoche geöffnet, in der Gefühle nicht länger versteckt werden müssen.

Sildsalat – Heringssalat

Zutaten für 4 Personen:

4 eingelegte Heringsfilets (Sild)
3 gekochte Kartoffeln
1 Apfel
150 ml Sahne
1 kleine Rote Bete (gekocht)
50 ml Rote Bete-Saft
1 Zwiebel
4 Gewürzgurke
2 El Gurkenwasser
½ Bd. Blattpetersilie
1 El brauner Zucker
1 El Weißweinessig
2 El Speiseöl
Salz
Pfeffer

Zubereitung:

Den Apfel schälen, entkernen und in kleine Scheibchen schneiden, Zwiebel und Kartoffeln schälen und würfeln, die Rote Bete und Gewürzgurken ebenfalls würfeln, den Hering in kleine Stücke schneiden. Die Petersilienblättchen abzupfen und fein hacken.

Essig, Gurkenwasser, Öl sowie Rote-Bete-Saft mit dem Zucker vermischen, salzen und pfeffern. Alle geschnittenen Zutaten unterheben, dabei etwas von der Petersilie auf Seite lassen. Die Sahne steif schlagen und vorsichtig unterheben. In einer Schüssel anrichten und mit der übrigen Petersilie bestreuen. Dazu passt Lefser – norwegisches Fladenbrot (Rezept s. nächste Seite).

Lefser – norwegisches Fladenbrot

Zutaten:

450 g Mehl
100 g Butter (zimmerwarm)
300 ml Dickmilch
4 El Zuckerrübensirup
4 Tl Hirschhornsalz
1 Tl Salz

Zubereitung:

Alle Zutaten mithilfe des Mixers (Knethaken verwenden) miteinander vermengen, bis ein geschmeidiger Teig entstanden ist. Zur Kugel formen, fest in Frischhaltefolie einwickeln und 1 Stunde lang in den Kühlschrank legen.

Dann eine Rolle daraus formen und diese in acht gleich große Stücke schneiden. Jedes davon zu einem ca. 1 cm dicken, runden Fladen formen. Den Backofen auf 220°C vorheizen und die Fladen auf mit Backpapier ausgelegten Backblechen bei Umluft ca. 10 Minuten lang backen.

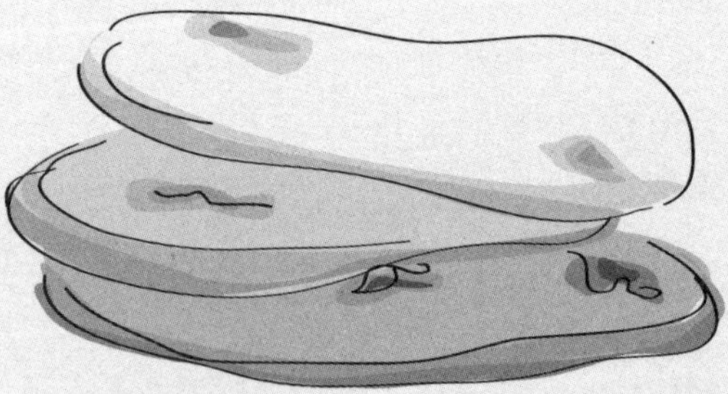

Vom Trümmerfeld zur Perle des Nordens – Hammerfest

Olov kauerte sich noch etwas dichter in die feuchtkalte Höhlennische und zog fröstelnd seine Felle um sich. Tief stand die Sorgenfalte zwischen seinen Brauen. Die Kälte war mörderisch, und wieder hatten er und die anderen von ihrem heimlichen Beutezug weder Fisch noch Wild mitgebracht. Draußen in der Polarnacht toste ein wütender Wintersturm, in der tobenden Brandung konnte man nicht angeln. Und wer wollte es Landtieren und Vögeln verdenken, dass sie sich bei diesem Wetter verkrochen? Aber wie sollten sie ohne Nahrung den Winter überstehen, er und hunderte von anderen Menschen aus Hammerfest, die sich in den Höhlen auf der Insel Sørøya versteckten? Würde man sie entdecken, so mussten sie um ihr Leben fürchten. Doch bedeutete es nicht auch den sicheren Tod, den arktischen Winter in eiskalten Felslöchern zu verbringen? Verzweifelt senkte Olov den Kopf. Dies wird mein letzter Winter sein, dachte er. Nie wieder werde ich das weiße Licht des nordischen Sommers sehen, nie mehr die bunten Farben und die Vielfalt von Hammerfest.

Olov war kein junger Mann mehr. 1880 geboren, stellte für ihn der Hafen von Hammerfest den Dreh- und Angelpunkt seines Lebens dar. Nach einer Ausbildung zum Fassbinder arbeitete er als Vormann in einer der beiden Reedereien der kleinen Stadt.

Der Ort im äußersten Norden Europas hatte im 19. Jahrhundert eine erstaunliche Entwicklung durchlaufen. Von nur 90 Einwohnern wuchs er im Laufe des Jahrhunderts auf 3.000 Seelen an, und nichts schien einer gloriosen Zukunft im Wege zu stehen.

Hammerfest lag als einzige Stadt zwischen Tromsø und Vardø, umgeben von einem riesigen Gebiet, zu dessen wirtschaftlichem Zentrum es erwuchs. Große Handelshäuser entstanden, Kaufleute aus Lübeck, Hamburg, Rostock und Stralsund unterhielten hier ihre Kontore. Der Pomorenhandel mit Russland blühte, und hunderte von Fischern lieferten ihren Fang in den Sommermonaten hierher zur Drehscheibe des Fischhandels im Eismeer. Mit Stolz trug Hammerfest den Titel der nördlichsten Stadt von Europa und gleichzeitig den einer aufstrebenden Metropole des Nordens.

In Hammerfest lebten die verschiedensten Menschen friedlich zusammen. Samen und Kvenen, die Angehörigen altfinnischer Stämme, hausten in ihren Koten neben den Norwegern in deren Blockhütten. Wer es sich leisten konnte, der bewohnte eines der bunten norwegischen Holzhäuser.

So vielfältig wie die Behausungen, so gestaltete sich auch die Lebensart der Menschen. Manche folgten noch ihrer alten, halbnomadischen Tradition, und Rentiere gehörten in den Straßen von Hammerfest zum Alltagsbild. Auf der anderen Seite der Skala standen die wohlhabenden Händler, die den Komfort des modernen Lebens zu schätzen wussten. In Olovs Geburtsjahr hatten diese fortschrittlichen Leute von der Weltausstellung in Paris einen Dynamo-Generator mitgebracht, ihn von einem Wasserfall antreiben lassen und auf diese Weise Strom erzeugt. Als erste Stadt im hohen Norden erhielt Hammerfest eine elektrische Straßenbeleuchtung, und für die Glühbirnen der Privathäuser blieb auch noch etwas übrig.

Olov erinnerte sich noch gut an das Fest, mit dem das 100-jährige Stadtjubiläum gefeiert wurde. Schon im Juli 1789 erteilte König Christian VII. der kleinen Siedlung die Stadtrechte, und 100 Jahre später feierten die Menschen das Ereignis mit einem großen Hafenfest. Ein Geschwader von elf stolzen Schiffen aus dem Deutschen Kaiserreich fuhr zu diesem Anlass in die Bucht ein. Überhaupt kamen in jenen Jahren viele Deutsche auf ihrer Fjordfahrt nach Hammerfest, es war die Zeit, als durch Kaiser Wilhelm II. die Nordlandreisen populär wurden. Deutsche und Norweger pflegten eine gute Freundschaft.

Und die Deutschen kamen sogar als Retter in der Not, als Hammerfest nur ein Jahr nach dem großen Jubiläum in Flammen aufging. Gerade erst zehn Jahre zählte Olov damals, aber die Angst und der Schrecken saßen so tief, dass er sie niemals vergessen würde. 146 der bunten Holzhäuser brannten 1890 bis auf ihre Grundfesten nieder. Schnell und unbürokratisch kam Hilfe aus Berlin, mit großen Spendenaktionen unterstützten die Deutschen den Wiederaufbau.

Mit der nördlichsten Stadt der Welt ging es weiter bergauf. Bis Ende der Dreißigerjahre entwickelte sie sich zum Bankenzentrum und Verkehrsknotenpunkt. Hier entstand das einzige Krankenhaus im weiten Umkreis. Mit großem Hallo ankerten regelmäßig die deutschen Kreuzfahrtschiffe in der Bucht, und wenn die Touristen mit Barkassen an Land gebracht wurden, dann ruderten die Kinder aus Hammerfest in ihren Bötchen jubelnd um sie herum, während Kleingeld und Bonbons auf sie herabregneten.

Wir waren doch immer Freunde, dachte Olov. Wie konnte sich das bloß dermaßen ändern? Das musste doch alles ein böser Albtraum sein!

Das große Elend nahm 1939 seinen Lauf. Im Sommer feierte Hammerfest noch optimistisch das 150-jährige Stadtjubiläum, doch schon bald verdichteten sich die Kriegszeichen in Europa. Niemand konnte gutheißen, was in Nazideutschland geschah, zunächst richtete sich das Augenmerk aber auf eine andere Front. Denn Ende November brach der Winterkrieg zwischen Russland und Finnland aus. Die jüngeren Männer aus Nordnorwegen zogen auf Neutralitätswache nach Norden in die Gebiete, wo sich die feindlichen Heere gegenüberstanden. Zahllose finnische Flüchtlinge retteten sich nach Hammerfest, und eine Zeit lang beschlich Olov zunehmend die Furcht vor einer russischen Invasion.

Doch nicht die Russen kamen. Im Frühjahr 1940 läuteten die vermeintlichen Freunde aus Deutschland zum Angriff auf Dänemark und Norwegen. Die konzertierte Aktion trug den verharmlosenden Namen „Weserübung". Ziel stellte die Sicherung der nördlichen Seewege für eigene Zwecke dar, im Visier der Nazis lag aber auch die Herrschaft über Norwegens Eisenbergwerke. Keinesfalls sollten diese den Sowjets in die Hände fallen. Norwegen, das den deutschen Kriegsaktionen bisher neutral gegenübergestanden hatte, mobilisierte seine Streitkräfte.

In Hammerfest machte sich Panik breit. Wann würden die Deutschen hier eintreffen? Noch versperrte der Schnee den Landweg, und es war gefährlich, das unruhige Meer zu befahren. Weil aber Luftangriffe befürchtet werden mussten, wurden mehr als 1.000 Frauen und Kinder in die Umgebung der Stadt umquartiert.

Bereits im Juni kapitulierte Norwegen, und die Deutschen besetzten Hammerfest. Sie bauten Bunker entlang der Küste, verminten das Umland, beschlagnahmten Häuser und Lagerräume. Am Hafen errichteten sie eine Fischfabrik und schafften ein paar hundert Zwangsarbeiterinnen aus der Ukraine herbei, denn Hammerfest sollte dazu beitragen, die Ernährung im Dritten Reich zu sichern. Auch die Norweger mussten sich fügen und für die Deutschen arbeiten. Es entstanden ein U-Boot-Stützpunkt und eine Versorgungsbasis für die Divisionen im Norden. Russische und jugoslawische Kriegsgefangene mussten das umliegende Straßennetz ausbauen, mitten in Hammerfest wurde ein großes Kriegsgefangenenlager eingerichtet.

Statt der norwegischen Flagge wehte jetzt das Hakenkreuzbanner. Den demokratisch gewählten Bürgermeister verschleppten die Nazis ins KZ, die freie Presse wurde verboten, sämtliche Radios beschlagnahmt. Wer es wagte, seine Stimme gegen die Zwangsmaßnahmen zu erheben, wurde verhaftet und ins Arbeitslager nach Kirkenes abtransportiert. Auf See tobten Gefechte, viele Schiffe sanken, Menschen verloren ihr Leben. Immer wieder erlitt die Stadt zudem schwere Angriffe aus der Luft. Hammerfests Krankenhaus füllte sich mit Kriegsversehrten.

Doch so richtig eskalierte die Lage erst im Herbst 1944. Kirkenes fiel an die Sowjets, die Deutschen beschlossen, Finnmarks Zivilbevölkerung umgehend zu evakuieren. Binnen vier Tagen sollte Hammerfest vollständig geräumt sein, mitnehmen durften die Menschen nur, was sie am Leib tragen konnten. „Mitleid mit der Zivilbevölkerung ist nicht am Platze", hieß es im Befehl aus dem Führerhauptquartier. Die norwegische Exilregierung in London forderte empört zum Widerstand auf.

Olov befiel blankes Entsetzen. Wohin sollten sie gebracht werden, jetzt, wo der Winter kam? Man munkelte nichts Gutes über das, was die Deutschen mit ihren Gefangenen taten. Doch wer sollte es wagen, den Besatzern entgegenzutreten?

Schon legten sich die Vorboten der Polarnacht wie ein finsterer Schatten über Hammerfest. Panik erfasste die Menschen.

Tausende von ihnen flohen vor der Deportation blindlings in die Berge, andere, unter ihnen auch Olov, drängten sich in den wenigen noch seetauglichen Booten zusammen und setzten auf die Insel Sørøya über. Hier versteckten sie sich in Höhlen. Sie mussten gut auf der Hut sein. Denn der Feind suchte nach den Flüchtigen, und wer erwischt wurde, den verfrachteten die Deutschen rücksichtslos ins Ungewisse.

Erst Ende Januar gelang es drei Booten der Alliierten, mit Lebensmitteln zur Insel Sørøya vorzudringen und 200 der Flüchtlinge in die Sicherheit der russisch kontrollierten Gebiete zu schaffen. Die übrigen 500, darunter auch Olov, mussten noch bis Mitte Februar in schrecklicher Kälte ausharren. Dann retteten vier englische Zerstörer sie, brachten sie zunächst nach Murmansk und von dort weiter nach Schottland.

Die Nazis erkannten, dass der Norden nicht länger gehalten werden konnte. Sie ließen alles auf Schiffe schaffen, was irgendeinen Wert besaß. Unter der Beute befand sich auch der Dynamo-Generator aus Hammerfests erstem Wasserkraftwerk, der für immer verschollen bleiben sollte.

Danach legte die Wehrmacht Hammerfest in Schutt und Asche. Sie zerstörte sämtliche Häuser, die Schulen, das Krankenhaus und die drei Kirchen. Einzig eine Grabkapelle blieb von der stolzen Stadt erhalten. Ein ausländischer Journalist, der Hammerfest kurz nach dem Krieg besuchte, bezeichnete die Ruinen erschüttert als „das Hiroshima von Norwegen".

Mit dem unbedingten Willen, sich nicht unterkriegen zu lassen, haben die Hammerfester sich nach dem Krieg an den Wiederaufbau gemacht. Mussten sie ihr Dasein im ersten Winter noch in improvisierten Zelten, notdürftig ausgehobenen Erdhütten oder unter umgedrehten Booten fristen, so errichteten sie schon bald darauf hölzerne Baracken.

In den Fünfziger- und Sechzigerjahren entstanden schließlich die bunten Holzhäuser, die bis heute das Antlitz von Hammerfest prägen. Sie boten damals einen solch zukunftsweisenden Wohnkomfort, wie man ihn in Norwegen zuvor nur selten gekannt hatte.

Noch immer lebt Hammerfest zum Teil von der Fischerei. Im neuen Jahrtausend ist die Rohstoffindustrie hinzugekommen, denn hier wird seit 2007 Europas größte Erdgasverflüssigungsanlage betrieben. Touristen, die mit den Hurtigruten- oder Kreuzfahrtschiffen kommen, lockt am Hafen der Eisbärenclub, dessen Mitgliedschaft sich gegen kleines Entgelt erwerben lässt, und das Wiederaufbaumuseum trägt dafür Sorge, dass die bittere Vergangenheit nicht in Vergessenheit gerät.

Es ist ein herrlicher Vormittag, als wir in den Hafen von Hammerfest einlaufen. All die drückenden Wolken der letzten beiden Tage haben sich aufgelöst und nichts als klare, blaue Luft zurückgelassen. Die Sonne ist von so überwältigender Kraft, dass sie uns in eine beschwingte, fast mediterrane Stimmung versetzt, und der italienische Markt, der an diesem Tag am Kai stattfindet, trägt ein Übriges dazu bei. Hammerfest ist ein einziges Sommerleuchten.

An den grünen Hängen umrahmen bunte Holzhäuser fröhlich die Bucht mit ihrem tintenblauen Wasser. Wir spazieren entlang eines plätschernden Bächleins, umwuchert von üppigen Kräutern, deren kräftiges Aroma verheißungsvoll die Luft erfüllt. Oben auf einem Hügel grasen friedlich ein paar Rentiere, als habe sie ein Landschaftsmaler dorthin platziert, um das idyllische Gesamtbild abzurunden. Und vor den Häusern weht in den blühenden Gärten die norwegische Flagge in der Sommerbrise.

Welch ein Glück, dass Norweger und Deutsche wieder Freunde geworden sind.

Fiskegrateng – Fischauflauf

Zutaten für 4 Personen:

400 g Kabeljaufilet
500 g Kartoffeln
1 Stange Porree
200 ml Milch
200 g geriebener Käse
3 Eier
60 g Butter
30 g Mehl
40 g Paniermehl
geriebene Muskatnuss
Salz
Pfeffer

Zubereitung:

Die Kartoffeln mit der Schale garen, dann pellen und in Scheiben schneiden. Den Porree putzen, waschen und in ein paar Stücke schneiden. Salzwasser aufkochen, Porree und Fisch hineingeben und 10 Minuten lang bei milder Hitze ziehen lassen. Dann gut abtropfen lassen, 200 ml des Kochwassers aufbewahren.

Die Eier in Eigelb und Eiweiß trennen. Den Porree klein hacken. Die Butter in einem Topf schmelzen und das Mehl darin anschwitzen. Mit der Milch und den 200 ml Kochwasser ablöschen, salzen, pfeffern, mit Muskatnuss würzen und kurz aufkochen lassen.Vom Herd nehmen und die Eigelbe mit dem Schneebesen einrühren. Den Porree hinzugeben und zum Schluss die Hälfte des Käses unterrühren. Anschließend die Sauce etwas abkühlen lassen. Die Eiweiße mit einer Prise Salz steif schlagen und vorsichtig unter die abgekühlte Sauce heben. Den Fisch in kleine Stücke zupfen, mit den Kartoffeln vermischen und in eine Auflaufform füllen. Die Sauce darübergießen und vorsichtig etwas untermengen. Mit dem restlichen Käse und dem Paniermehl bestreuen. Den Backofen auf 180°C vorheizen und den Auflauf auf der untersten Schiene 40 Minuten lang backen.Nach Wunsch dazu Krautsalat oder grünen Salat servieren.

Blåbærkake – Blaubeerkuchen

Zutaten:

350 g Mehl
150 g Butter
200 g Zucker
4 Eier
1 Tl Backpulver

1 Zitrone
500 g Blaubeeren
200 g Schmand
Salz
Butter für die Backform

Zubereitung:

Die Zitrone auspressen. 120 g Zucker mit der Butter schaumig schlagen, dann nach und nach den Zitronensaft, zwei Eier, das Backpulver und das Mehl hinzugeben, bis ein geschmeidiger Teig entstanden ist. Eine Backform großzügig mit Butter einfetten und den Teig hineingeben, an den Rändern ringsum hochdrücken und den Boden mehrfach mit der Gabel einstechen.

Die Blaubeeren darauf verteilen. Den Schmand mit dem restlichen Zucker, einer Prise Salz und den übrigen 2 Eiern gut verquirlen und gleichmäßig darüber verteilen.

Den Backofen auf 180°C vorheizen und den Blaubeerkuchen auf der untersten Schiene 40 Minuten lang backen.

Zwischen Anstand und Skrupellosigkeit – Lilyhammer

Das hätte sich Håkon Håkonsson wahrhaftig nicht träumen lassen! Schon im Alter von 13 Jahren zum König von Norwegen gekrönt, tat er sich im Lauf seines Lebens besonders als weiser Gesetzgeber und Stifter inneren Friedens hervor. Kriegerische Initiativen fokussierte er lieber auf äußere Feinde, besonders die Schotten bereiteten ihm manchen Ärger. Doch alles in allem kann man sagen, dass sein Leben im 13. Jahrhundert – verglichen mit dem anderer nordischer Haudegen – recht langweilig verlief.

Es gäbe auch nicht viel zu berichten, wenn da nicht jene Sage vom gerade neugeborenen Håkon Håkonsson wäre. Just, als der Kleine das Licht der Welt erblickte, starb sein Vater, der König. Baby Håkon als dessen einziges Kind würde eines Tages der Nachfolger sein. In Norwegen gab es damals aber zwei politische Gruppierungen, die sich bis aufs Blut hassten: die Bagler und die Birkebeiner. Der alte König, ein Birkebeiner, war kaum dahingeschieden, da witterten die Bagler ihre Chance auf einen Putsch. Zuallererst trachteten sie danach, Klein Håkon aus dem Weg zu räumen. Deshalb sputeten die Birkebeiner sich, den Säugling in Sicherheit zu bringen. Auf der Flucht schafften sie es bis nach Lillehammer, wo sie am Weihnachtsabend ankamen. Weil die Bagler ihnen dicht auf den Fersen folgten, fassten sie hier einen verwegenen Plan.

Der günstigste Weg hätte sie weiter durchs Gudbrandsdalen geführt. Mit 320 Kilometern ist es das längste Tal Norwegens und schafft eine Verbindung zwischen Oslo im Südosten und Kristiansund im Nordwesten. Übrigens stellt es außerdem die Heimat des sagenhaften Peer Gynt dar.

Doch genau hier würden die Bagler nach den Birkebeinern und dem kleinen Thronfolger suchen. Schließlich bot die Route den einfachsten Fluchtweg, zumal jetzt im Winter, wo tiefer Schnee die Landschaft bedeckte. Deshalb erteilten die Birkebeiner ihren beiden verwegensten Skifahrern einen heiklen Auftrag. Die beiden schnallten sich Bretter unter die Füße, packten das Bündel mit dem Baby und flohen über die Berge von Østerdalen. Heldenhaft trotzten sie dabei heftigem Schneetreiben und klirrendem Frost. Dank ihres mutigen Einsatzes konnte Klein Håkon überleben, später als König Bagler und Birkebeiner miteinander versöhnen und eines Tages als Håkon der Alte in die Geschichte eingehen.

Das alles wäre vielleicht auch nicht weiter erwähnenswert, wenn nicht in der alten Sage von Håkons Rettung durch die Birkebeiner zum allerersten Mal der Name Lillehammer gefallen wäre. Das denkwürdige Ereignis soll sich Weihnachten 1204 zugetragen haben und brachte dem Flecken Lillehammer im weiteren Verlauf des Mittelalters einen gewissen Ruhm ein. Die Bürger von Lillehammer erfüllt die Geschichte noch immer mit Stolz. Denn wer weiß, vielleicht gäbe es ohne die Sage von der Rettung König Håkons die Stadt Lillehammer heute überhaupt nicht. Zum Dank wurden dort drei Skirennstrecken nach den verdienten Birkebeinern benannt. Und die Saat der Liebe zum Skisport, die die beiden mutigen Fluchthelfer einst in Lillehammer säten, trug noch weitere Früchte: Das verschlafene Städtchen im Gudbrandsdalen avancierte im Jahr 1994 zum Austragungsort der Olympischen Winterspiele. Das wiederum inspirierte knapp 20 Jahre später das staatliche norwegische Fernsehen und den US-Streamingdienst Netflix zu einer ungewöhnlichen Kooperation. Nein, einen solch absurden Kausalstrang hätte sich Håkon der Alte mit Sicherheit nicht träumen lassen.

„Lilyhammer“ – ausgesprochen in breitestem Amerikanisch: „Lilly-Hämmr“– heißt die bissige Krimisatire, die mit schwarzem Humor und makabrer Komik die Gegensätze zwischen zwei Polen skizziert, die unterschiedlicher kaum sein könnten. Auf der einen Seite steht Frank, genannt „The Fixer“, ein mit allen Wassern gewaschener Mafioso aus New York, auf der anderen stehen die biederen Bürger des geruhsamen Städtchens Lillehammer. Ganz klar, dass es dabei zu einem aberwitzigen Kulturclash kommen muss.

Jener Frank soll im Zeugenschutzprogramm untertauchen, weil er im Prozess gegen seinen Boss ausgesagt hat. Die FBI-Agenten stellen es ihm frei, sich einen geeigneten Ort auszuwählen, um dort in eine neue Identität abzutauchen. Vielleicht die Bahamas? Schnöde weist Frank das Angebot zurück. Da bekomme man doch nur Hautkrebs, meint er lakonisch. Nein, er möchte nach „Lilly-Hämmr“, so erklärt er den verdutzten Agenten. Denn das hat er von den Fernsehübertragungen der Olympischen Spiele noch in bester Erinnerung. Da gebe es klare Luft, frischen weißen Schnee und die besten Bräute, glaubt er zu wissen.

Steven Van Zandt spielt diesen Frank „The Fixer“, eine Rolle, bei der er aus einem reichen Erfahrungsschatz schöpfen konnte. Schließlich hatte er schon in „The Sopranos“ ganz hervorragend einen abgeklärten Stripclubbesitzer dargestellt, und keiner kann ihm das Wasser reichen, wenn es darum geht, eine süffisante Bulldoggenfresse zu ziehen. Ausgestattet mit einer herrlich übertriebenen Fünfzigerjahre-Perücke gelingt ihm das Kunststück, den Mafioso Frank „The Fixer“ total überzogen und doch zugleich absolut glaubwürdig darzustellen. Da vergisst man völlig, dass Van Zandt eigentlich ein begnadeter Gitarrist ist und mit der Band von Bruce Springsteen zu Ruhm kam.

Doch so vertraut ihm die Rolle als Gangster gewesen sein mag, so fremd erschien Van Zandt die norwegische Mentalität. Er musste das „Janteloven“ erst kennenlernen, jenen typisch skandinavischen Kodex der Selbstzügelung. Der Begriff des Janteloven geht auf einen Gesellschaftsroman von 1933 zurück, der diese althergebrachten Verhaltensregeln thematisiert und in zehn Anweisungen fasst. Sie mahnen zur Bescheidenheit und sollen dabei helfen, Sozialneid zu vermeiden. „Man sieht in Norwegen keine schicken Autos oder Leute, die aufgebrezelt herumspazieren“, stellte Van Zandt mit Erstaunen fest. Folgerichtig betrachtet er die Serie als Kritik am materialistischen „American Way of Life“. Denn in Norwegen, so sagt er, gebe es Dinge, die man nicht kaufen könne, in Amerika hingegen sei alles käuflich, sofern man nur den richtigen Preis zahle. Und Letzteres ist genau die Einstellung seiner Rollenfigur Frank „The Fixer“.

Ausgestattet mit neuem Namen, Audio-Sprachkurs und selbstgewissem Optimismus bricht Frank in das malerisch verschneite Lillehammer auf, wo er sich umgehend auf den nüchternen Boden der norwegischen Provinz verfrachtet sieht.

Zwischen Schneebergen und einsamen Landschaften erwartet ihn statt des gewohnten Luxusdomizils ein muffiger Bungalow, seine Nachbarin ist die schlecht gelaunte Polizeichefin, die schwarze Gangster-Limousine mutiert zum eiförmigen Elektroauto und schlimmer noch, die norwegische Bürokratie zeigt sich so flexibel wie eine Eisenbahnschiene. Selbst für das dicke Bündel Banknoten, das er dem sturen Beamten zuschieben will, bekommt er nicht die gewünschte Lizenz zur Eröffnung einer Bar, sondern wird stattdessen kurzerhand in einen gähnend langweiligen Integrationskurs gesteckt. Der Pate im Norwegerpulli!

Die skurrile Serie ist die erste überhaupt, an deren Produktion Netflix unmittelbar beteiligt war. Sie schnellte in Norwegen gleich beim Sendestart auf den ersten Platz der erfolgreichsten Serien aller Zeiten. Ein Grund für diesen Sensationsstart mag darin zu finden sein, dass der damalige norwegische Ministerpräsident Jens Stoltenberg zum Serienbeginn auf seiner Facebookseite postete: „Wir freuen uns heute Abend auf Lilyhammer." Eine Million Norweger ließen sich mitreißen und schalteten zu, das war fast jeder fünfte! Gebannt verfolgten sie alle, wie sich die Kollision der Kulturen entwickeln würde.

Auf der einen Seite steht die kleinkarierte Staats- und Gesetzestreue der Norweger, die einen Blick über den Tellerrand nicht zu erlauben scheint, auf der anderen die amerikanische Raubtiermentalität in einer ihrer enthemmteren Varianten. Gleich zu Anfang veranschaulicht Frank, was man sich darunter vorzustellen hat. Als ein Wolf ein Schaf gerissen hat, begibt er sich auf die illegale Jagd und demonstriert seinen norwegischen Mitbürgern, wie das Gesetz des Wilden Westens funktioniert. „In diesem Land ist es ja fast mehr verboten, auf Wölfe zu schießen als auf Menschen", kommentiert er die Bedenken der Leute kopfschüttelnd.

Neben dem unorthodoxen Hauptdarsteller sind es die skurrilen Provinz-Schrate, die der Serie ihren besonderen Charme geben. Da ist die stets akkurat den Regeln folgende Polizeichefin, deren kauziger, übereifriger Untergebener immer neue Probleme verursacht. Oder Torgeir, der leicht vertrottelte Arbeitslose, der schnell zum willfährigen Handlanger des Mafioso aufsteigt. Außerdem die hübsche, aber etwas hausbacken wirkende Sigrid, eine alleinerziehende Mutter, die schon bald zur Geliebten des Neuankömmlings wird. Und bei dem spießig-spleenigen Beamten Jan tun sich in jeder Folge neue, immer finsterere Abgründe auf. Als besonderes Schmankerl tritt in einer Gastrolle als Franks Bruder sogar „The Boss" Bruce Springsteen persönlich auf.

Im amerikanischen Original wird streckenweise Norwegisch gesprochen, die Dialoge sind mit Untertiteln versehen. Das gibt der Serie ein witziges Lokalkolorit, das nicht unwesentlich zu ihrem Erfolg beigetragen hat. In der deutschen Synchronisation wurde diese Besonderheit allerdings nicht beibehalten, was vielfach auf Kritik stieß. Inzwischen läuft Lilyhammer in mehr als 130 Ländern. Doch trotz des großen Erfolgs wurde die Serie nach der dritten Staffel im Juli 2015 eingestellt. Die Gründe bleiben im Dunkeln, es heißt aber, dass es hefige Differenzen um die Ausstrahlungsrechte zwischen Netflix und dem norwegischen Fernsehen gegeben habe.

Eine Antwort auf die große Frage, wie viel kriminelle Energie und Schlitzohrigkeit im braven Lillehammer schlummert, gibt die Serie schon recht bald. Die absurd hohen Alkoholpreise lassen Frank auf die probate Methode der amerikanischen Prohibitionszeit zurückgreifen: den Schmuggel. Nur zu willig öffnen sich die Pforten für den Einzug von Korruption und Verbrechen. Kaltschnäuzige Erpressungen, brutale Drohungen und tolldreiste Gefälligkeiten bringen Frank in Windeseile zu einer coolen Wohnung, einer florierenden Bar und einer unangefochtenen Stellung an der Spitze der kriminellen Szene von Lillehammer. So entlarvt die Serie „Lilyhammer" die Macht des rüden Fressens und Gefressenwerdens nach amerikanischem Muster über die verständnisvolle Nachgiebigkeit des norwegischen Sozialstaats und den naiven Glauben an das Gute im Menschen. Und spätestens, als Frank mit weltmännischem Charme auf die Bühne seiner Bar tritt und den auf Lillehammer umgemünzten Sinatra-Klassiker „My kind of town“ lässig swingend intoniert, weiß man, wer das Rennen zwischen bürgerlichem Anstand und mafiöser Skrupellosigkeit gewonnen hat.

Gravlaks – eingelegter Lachs

Zutaten für 4 Personen:

300 g Lachsfilet
4 cl Aquavit
2 El grobes Meersalz
1 El brauner Zucker
3 Stängel Dill
Pfeffer

Zubereitung:

Eine Schüssel mit Frischhaltefolie auslegen und den Lachs hineinlegen. Die Dillspitzen abschneiden, gut mit Aquavit, Zucker, Salz und Pfeffer vermischen und die Hälfte über den Lachs geben. Wenden und auch den Rest darauf verteilen. Die Folie fest um den Lachs wickeln und einen schweren Gegenstand drauflegen.

2 bis 3 Tage im Kühlschrank marinieren, dabei täglich zweimal wenden. Vor dem Servieren in hauchdünne Scheiben schneiden.

Felssporn im Eismeer – das Paradies heißt Lofoten

Alle Wege enden in Å. „Es ist eben das Ende der Welt", lacht Knut, der in dem 100-Seelen-Nest lebt. So wie es seine Vorfahren seit erdenklichen Zeiten getan haben. Er gehört zur Familie Larsen, und dieser Familie wiederum gehört fast der ganze Ort mit seinen gut 30 Häusern. Å bedeutet so viel wie Bach, aber in Å gibt es noch viel mehr, sogar einen kleinen Süßwassersee. Der Weiler liegt ganz im Süden von Lofoten, dort, wo die Inseln wie ein einsamer Sporn in die eisigen Weiten des Nordmeers reichen. Was macht man an so einem verlassenen Flecken?

Gut gelaunt zupft Knut an seinem fuchsroten Wikingerbart. „Fische fangen natürlich, was denn sonst?"

Å ist die Pfeilspitze der Jäger des Kabeljaus. Seine exponierte Lage versprach seit jeher reiche Beute, zumal die Konkurrenz sich weiter im Norden und Nordwesten Lofotens zusammenballt. Kaum einer kam den Fischern von Å in die Quere. Wer das Dörflein erreichen wollte, der musste mit dem Schiff weit übers stürmische Nordmeer fahren.

Und auch, als schon längst ein Netz von Straßen die Inseln von Lofoten überzog, gestaltete es sich noch für lange Zeit extrem umständlich, Å über den Landweg zu erreichen. Denn das erforderte ein lästiges Inselhopping mit zahlreichen Fährüberfahrten.

Aber das ist vorbei. Knut erinnert sich noch gut an den großen Tag im Sommer 1992, als der Kong Olafvs veg nach Sørvågen eröffnet wurde. Eine echte Sensation, denn zum ersten Mal in der Geschichte konnte man Å auf dem Landweg verlassen. Das eröffnete völlig neue Perspektiven. In Sørvågen, das mit 450 Einwohnern deutlich größer ist als Å, gab es nicht nur Geschäfte, sondern auch eine Schule und ein Postamt. Und all das konnte man jetzt ganz bequem erreichen.

Doch nicht nur das: Der Kong Olafvs veg stellte nämlich nur das letzte Teilstück einer fantastischen Verbindungsstrecke dar, der Europastraße 10. Vom kleinen Å am Ende der Welt konnte man jetzt ungehindert bis ins schwedische Luleå am Bottnischen Meerbusen durchfahren.

„Eine tolle Sache", erinnert sich Knut grinsend. „Wir hatten das Gefühl, dass uns nun die ganze Welt zu Füßen lag. Wir waren ja noch jung." Er lacht auf und zwinkert dann verschmitzt. „Am großartigsten fanden wir es, dass wir jetzt mit dem Auto bis nach Svolvær durchbrausen konnten. Svolvær war damals die einzige Stadt von ganz Lofoten, und deshalb gab es nur dort einen Vinmonopolet-Laden, in dem man Alkohol kaufen konnte. Zweieinhalb Stunden braucht man für die 130 Kilometer von Å nach Svolvær. Aber das war nichts im Vergleich zu der Zeit, die wir früher benötigt hatten!" Ich schaue ihn voller Mitgefühl an. Fünf Stunden Autofahrt für eine Flasche Wein? Aber er grinst nur. Auch diese Zeit ist längst vorbei. Denn seit der großzügigen Gesetzesänderung hat auch Leknes mit seinen 2.700 Bewohnern die Stadtrechte und damit ein Vinmonopolet. Und bis Leknes fährt man nur etwas mehr als eine Stunde.

Überhaupt haben sich die Dinge in Å gravierend geändert. Nicht mehr der Fischfang ist Haupterwerbszweig, heute lebt man vom Tourismus. Die Saison ist kurz, von Ende Mai bis Anfang September, und natürlich tummeln sich auf den abgelegenen Inseln längst nicht so viele Gäste herum wie in anderen beliebten Urlaubsgebieten.

Doch in Å versteht man es, sich sein Scheibchen vom Reiseboom abzuschneiden. Die ganze Siedlung mit ihren 150 Jahre alten Häusern ist heute eine Art Museumsdorf. Hier kann man die roten Rorbuer auf ihren Stelzen bestaunen, die alte Schmiede oder die Trankocherei. Im Fischereimuseum und im Stockfischmuseum erfährt man außerdem bis ins kleinste Detail alles Erdenkliche über das traditionelle Leben von Å. „Als die Zeiten sich änderten, haben wir darauf geachtet, dass bei uns alles beim Alten blieb", erklärt Knut. „Deshalb ist Å heute einer der ursprünglichsten Fischerorte von ganz Norwegen."

Ab Å führt die Europastraße 10 über kühn geschwungene Brücken und etliche Tunnel von der Insel Moskenesøy weiter zu den Nachbarinseln Flakstadøy und Vestvågøy. Gerade diese westlichsten Lofoten-Inseln wirken von oben betrachtet wie zerfleddert. Seen und Fjorde übersäen sie wie die Löcher einen Schweizer Käse. Auf dem Weg nach Norden führt die Straße am Fischerdorf Reine vorbei, das auf einer Moskenesøy vorgelagerten Halbinsel liegt und zu den fotogensten Orten von Lofoten gehört. Doch wir fahren weiter nach Vestvågøy. Dort liegt in einer weiten Talsenke eine der größten landwirtschaftlichen Gemeinden von ganz Norwegen, eingerahmt von hohen Bergketten und durch diese hervorragend vor den Launen des Wetters geschützt.

Hier führt Børge seinen Bauernhof. Wir halten an seinem kleinen Hofladen, um etwas Käse und Marmelade einzukaufen. Auch Børge erzählt nur zu gerne von seinem Leben in Lofoten, und man spürt an seiner Begeisterung, wie sehr er seine Heimat liebt.

„Meine Leute haben hier schon immer Landwirtschaft betrieben, mit Fischerei hatten wir nichts am Hut", sagt er und schneidet ein Stück von seinem Ziegenkäse Steinfjording ab, damit wir es kosten können. Es schmeckt nussig und ein bisschen wild. „Das liegt an den Kräutern", verrät uns Børge. „Je nachdem, welche Kräuter die Ziegen gefressen haben, schmeckt der Käse völlig unterschiedlich." Wenn wir ein sanfteres Aroma mögen, sollten wir den Bergklee-Käse probieren. Oder den lieblich-feinen Himmeltind. Auch Dörrwurst hat Børge im Angebot und reicht uns eine Scheibe über die Theke.

„Hier bei uns ist es im Sommer recht trocken, der Winter ist mild, das sind gute Voraussetzungen für Pflanzen und Tiere. Wozu sollten wir uns der rauen See aussetzen, um Fische zu fangen? Deshalb sind wir schon immer Bauern gewesen, wie lange, das könnt ihr euch dort drüben ansehen", sagt er und weist in die Richtung, wo das Wikingermuseum von Lofoten mit seinem nachgebauten Langhaus am Hang liegen muss.

Auf der Weiterfahrt nach Henningsvær halten wir noch einmal oben am Berghang und genießen das atemberaubende Panorama über das weite grüne Tal und seine silberblau schillernden Seen. In der Ferne ragt die moderne Borge Kirke von Bøstad als steiler Kontrastpunkt gegen die kantigen Bergformationen, deren Silhouette sich in ihrer spitzen Form widerspiegelt. Die weite Landschaft wirkt, als sei sie von einem zarten Blauschleier überhaucht. Himmelblau verlieren sich die Gipfel in der Ferne, und die tief stehende Abendsonne zaubert einen Anflug von Rosé auf die wenigen Wölkchen, die sich wie Wattebäusche an die Bergspitzen schmiegen. In dieser Julinacht wird sie nicht müde werden, Lofoten in die berauschenden Pastellfarben des Sonnenuntergangs zu tauchen, bis sie sich endlich am Morgen vom Rand des Horizonts ganz sachte wieder erhebt.

Doch Heidi, unsere Reiseleiterin, mahnt zur Weiterfahrt. Es bleibt keine Zeit, in der Poesie dieser Sommernacht zu versinken. Denn wir wollen noch das malerische Fischerdorf Henningsvær besuchen, bevor die Nordnorge uns weiter nach Süden tragen wird, dem Ende unserer Reise entgegen.

Heidi ist eine junge Frau aus Tromsø, der Stadt mit der berühmten Eismeerkathedrale. Wir haben diese Seemannskirche in der letzten weißen Nacht besucht und das magische Licht bestaunt, dass durch ihr ostwärts gewandtes blaues Buntglasfenster strömt. Sie ist die nördlichste Kathedrale der Welt. Und Tromsø kann noch mit weiteren Superlativen aufwarten, denn es ist im Besitz der weltnördlichsten Universität und außerdem die größte Stadt im Norden von Norwegen. Doch Heidi hat es trotzdem von dort weggezogen. „Lofoten mit seinen 80 Inseln und den weißen Stränden vor den zackigen Zipfeln seiner Gebirge, das ist mein Paradies“, schwärmt sie entzückt.

Mit diesen Worten entlässt sie uns zu einem Spaziergang durch Henningsvær, das wie hingeträumt auf kleinen Inselchen vor einem stürmisch emporragenden Felsmassiv liegt. Hier ist die Fischerei noch lebendig, das verraten tausende von Fischköpfen, die uns am Ortseingang auf ihren Holzgestellen empfangen. Im 19. Jahrhundert erlebte das Dorf einen wahrhaften Boom und wuchs von gerade mal vier Einwohnern auf fast 1.000 an.

Die große Zeit der Lofot-Fischerei ist vorüber, heute gibt es nur noch gut 400 Menschen in Henningsvær. Doch die Touristen schließen die Lücke, die der rückläufige Fischfang hinterlassen hat. Für sie haben sich die Häuschen am Hafenkanal zwischen den beiden Hauptinseln herausgeputzt, dazwischen schaukeln beschaulich hübsche Jachten und kleine Fischerboote auf dem fast spiegelglatten Wasser. Wir schlendern über die kleine Brücke, die die Inseln miteinander verbindet, und weiter bis auf das Vorkap, von dem sich der schönste Blick auf das idyllische Dörflein eröffnet. An seiner Spitze duckt sich ein Leuchtturmhaus zwischen gletschergeschliffene Felsen und saftiges Grün. Vereinzelte Schären ragen aus dem cyanblau schillernden Meer, und dahinter liegt nichts als die Weite des Ozeans. Doch ganz hinten in der Ferne naht das entgegenkommende Hurtigrutenschiff und gemahnt uns daran, dass die Reise weitergeht. Schon trägt der Wind den volltönenden Klang des Horns der Nordnorge zu uns herüber.

Lange stehen wir in dieser Nacht an Deck, während die Gipfel von Lofoten am Horizont immer kleiner werden und die Strahlen der Mitternachtssonne mit den Wellen spielen. Vielleicht sind die verwunschenen Inseln am Ende der Welt tatsächlich ein kleines Stück vom Paradies.

Tilslørte bondepiker – „Verschleiertes Bauernmädchen“

Zutaten für 4 Personen:

6 aromatische Äpfel
150 g brauner Zucker
4 cl Aquavit
250 ml Sahne
300 g altbackenes Graubrot ohne Rinde
1 Vanilleschote
100 g Butter
gemahlener Zimt

Zubereitung:

Die Äpfel schälen, entkernen und in Stücke schneiden. Zusammen mit 80 g Zucker und 4 cl Wasser unter Rühren aufkochen und weiterköcheln lassen, bis die Äpfel zerfallen. Dann vom Herd nehmen, den Aquavit unterrühren und abkühlen lassen.

Das Brot zu groben Krümeln zerbröseln. Die Butter in einer Pfanne schmelzen, die Krümel zusammen mit 50 g Zucker und Zimt nach Geschmack hinzugeben und knusprig rösten. Vom Herd nehmen, die Vanilleschote auskratzen, das Mark unter die Krümel rühren und diese abkühlen lassen. Die Sahne mit dem restlichen Zucker steif schlagen. Das Apfelmus in vier hohen Glasschälchen verteilen, die Brotkrümel darübergeben und alles mit Sahne bedecken. Sofort servieren, damit die Krümel nicht matschig werden.

Alkoholfri gløgg – alkoholfreier Grog

Zutaten für 4 Personen:

500 ml schwarzer Johannisbeersaft
500 ml Apfelsaft
je 1 unbehandelte Orange und Zitrone
2 Zimtstangen
6 Gewürznelken
1 Sternanis
40 g brauner Zucker

Zubereitung:

Orange und Zitrone waschen, vierteln und in Scheiben schneiden. Zusammen mit allen anderen Zutaten in einen Topf geben, langsam aufkochen und dann bei schwacher Hitze 30 Minuten ziehen lassen. Durch ein Sieb abgießen, dabei Orangen und Zitronen mit dem Kochlöffel ausdrücken. In Becher füllen und heiß genießen.

Das letzte Wort

Liebe Leser,

ich hoffe, Ihnen hat unser Ausflug nach Norwegen gefallen. Versäumen Sie nicht die zahlreichen Fotos aus Norwegen auf meiner Website *www.almutirmscher.de*, denn sie ergänzen die Eindrücke aus diesem Buch.

Natürlich freue ich mich über Ihre Tipps, Hinweise oder Anregungen und beantworte auch gerne Ihre Fragen. Schreiben Sie mir einfach an *kontakt@almutirmscher.de.*

Farvel – auf Wiedersehen in Norwegen!

Ihre
Almut Irmscher

Danksagung

Ich danke allen, die mich mit Tipps und Anregungen unterstützt haben. Ganz besonders danke ich meinem Mann Ulrich Otto, ohne seinen Rat, seine Korrekturen, seine Aufmunterungen und seine ständige Bereitschaft, mir alle Hindernisse aus dem Weg zu räumen, wäre meine Arbeit nicht möglich gewesen.

Besonderer Dank gebührt auch meiner Freundin Gunhild Hexamer, die mich nicht nur durch die Jahrzehnte des Lebens begleitet hat, sondern auch die Entstehung meiner Bücher jedes Mal aufs Neue unermüdlich und engagiert mit ihren Hinweisen, Korrekturen und Anregungen begleitet. Sie ist es auch gewesen, die mir überhaupt erst den Anstoß zum Schreiben gegeben hat. Ohne Gunhild gäbe es meine Bücher nicht.

Gunhild ist selbst Autorin, wenn Sie sich für Nordamerika interessieren, dann empfehle ich Ihnen ihre Bücher und die Website www.ghexamer.de.

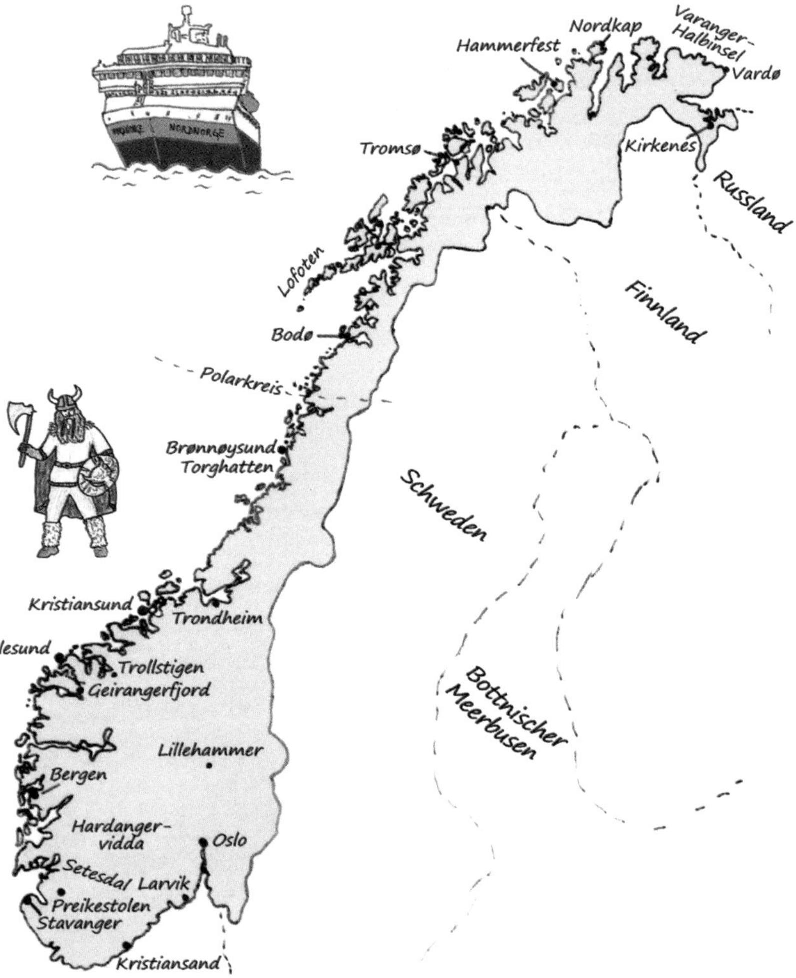
Nordkap
Varanger-
Halbinsel
Hammerfest
Vardø
Tromsø
Kirkenes
Russland
Lofoten
Finnland
Bodø
Polarkreis
Brønnøysund
Torghatten
Schweden
Kristiansund
Trondheim
Ålesund
Trollstigen
Geirangerfjord
Bottnischer
Meerbusen
Lillehammer
Bergen
Hardanger-
vidda
Oslo
Setesdal
Larvik
Preikestolen
Stavanger
Kristiansand

Bessaker, Trøndelag

Stokmarknes, Vesterålen

Fjord bei Måsøy, Finnmark

Trollstigen

Gudbrandsjuvet

Stokmarknes, Vesterålen

Trollfjord, Lofoten

Wald in Hordaland

Florø, Sogn og Fjordane

Ålesund

Lofoten

Leuchtturmhaus in Henningsvær, Lofoten

Henningsvær, Lofoten

Statue in Svolvær, Lofoten

Möwe über Lofoten

Lofoten

Bergen

Bergen

Königskrabben

Kjeungskjær fyr

Bergen

Stabben fyr

Finnkirka

Sommernachtstimmung bei Brønnøysund

Stockfisch

Landegode fyr

Nordkap im Nebel

Valldalen

Mitternachtssonne

Kristiansund

Kristiansund

Torghatten

Alstahaug, Nordland

www.MANA-Verlag.de
MANA
Die neuen Lesebücher von
Almut Irmscher
Almut Irmscher
Das Island-Lesebuch
Impressionen und Rezepte
aus dem Land der Elfen und Trolle
MANA
Almut Irmscher
Das Dänemark-Lesebuch
Impressionen und Rezepte
aus dem Land des Glücks
MANA
... und viele weitere Länder
Almut Irmscher
Das England-Lesebuch
Impressionen und Rezepte
aus dem Land der Traditionen
MANA
Almut Irmscher
Das Schottland-Lesebuch
Impressionen und Rezepte
aus Highlands und Lowlands
MANA
Almut Irmscher
Das Irland-Lesebuch
Impressionen und Rezepte
von der grünen Insel
MANA

Feedback

Wie hat Ihnen das vorliegende Buch gefallen?
Bitte scannen Sie den QR-Code und beantworten Sie uns gerne einige Fragen. Das hilft dem MANA-Verlag auch bei der Entwicklung neuer Titel.
Vielen Dank!